Couvertures supérieure et inférieure
en couleur

Catalogue

DES

OBJETS ÉCHAPPÉS AU VANDALISME

DANS LE FINISTÈRE

DRESSÉ EN L'AN III

Par CAMBRY

Président du District de Quimperlé.

PUBLIÉ PAR ORDRE DE L'ADMINISTRATION DU DÉPARTEMENT

NOUVELLE ÉDITION

AVEC UNE INTRODUCTION ET DES NOTES

Par J. TRÉVÉDY

Ancien Président du Tribunal de Quimper, Vice-Président de la Société archéologique du Finistère.

RENNES

H^{THE} CAILLIÈRE, ÉDITEUR

2, Place du Palais, 2

—

1889

Catalogue

DES

OBJETS ÉCHAPPÉS AU VANDALISME

DANS LE FINISTÈRE

JUSTIFICATION DU TIRAGE

TROIS CENTS EXEMPLAIRES NUMÉROTÉS DE UN A TROIS CENTS

Nº

Catalogue

DES

OBJETS ÉCHAPPÉS AU VANDALISME

DANS LE FINISTÈRE

DRESSÉ EN L'AN III

Par CAMBRY

Président du District de Quimperlé.

PUBLIÉ PAR ORDRE DE L'ADMINISTRATION DU DÉPARTEMENT

NOUVELLE ÉDITION

AVEC UNE INTRODUCTION ET DES NOTES

PAR J. TRÉVÉDY

Ancien Président du Tribunal de Quimper, Vice-Président de la Société archéologique du Finistère.

RENNES

H^{THE} CAILLIÈRE, ÉDITEUR

2, Place du Palais, 2

1889

Introduction.

I

Le 1ᵉʳ mai 1886, c'était fête à la Sorbonne. M. Goblet, ministre de l'Instruction publique, présidait la séance solennelle des Sociétés savantes [1]. Il disait :

« Le moment est venu de faire pour la Révolution ce que les savants et les érudits ont fait depuis longtemps pour l'ancien régime : c'est-à-dire de réunir les matériaux qui permettront d'en écrire l'histoire...

« Les documents abondent... Les archives des départements doivent être riches de renseignements de toute nature sur cette période, qui s'étend des dernières années du règne de Louis XVI à la fin du siècle. Il s'agit de les faire sortir des cartons où ils sont renfermés.

---

[1] *Journal officiel*, 2 mai 1886, p. 2024 et suiv.

« Nous sommes bien résolus à favoriser les efforts qui seraient faits dans ce but. N'est-ce pas en effet le plus solide hommage à rendre à la Révolution que de faire chaque jour la lumière plus grande sur son œuvre? Dissiper les légendes, rétablir la vérité de l'histoire en la puisant aux sources, c'est-à-dire dans les écrits et dans les actes de la Révolution elle-même, c'est le meilleur moyen d'en célébrer dignement le centenaire. Vous nous y aiderez, Messieurs... »

Nous avons pris pour nous l'invitation de M. le ministre ; nous publions un *document révolutionnaire...*

Ce document est le *Catalogue des objets échappés au vandalisme dans le département du Finistère* [1]. Il est daté de 1794 et 1795. Il porte le nom de Cambry, auquel le Directoire du département avait commis le soin de dresser cet inventaire. Mais le volume n'est pas l'œuvre de Cambry *seul*. Il a aussi pour auteurs les républicains composant les administrations des neuf districts du Finistère, et l'administration du département.

En effet, le *Catalogue* comprend deux parties : les rapports adressés par Cambry à chacun des neuf districts, et les délibérations des neuf districts en réponse à chacun des rapports, avec l'arrêté de l'administration départementale qui approuve le travail de Cambry, et le fait imprimer aux frais du département. Ainsi l'ouvrage de Cambry est un document *officiel*.

---

(1) A Quimper. De l'imprimerie d'Y.-J.-L. Derrien, an III.

II

Personne ne suspectera l'exactitude des renseignements recueillis *de visu* par Cambry, et contrôlés par les administrateurs du Finistère ; et personne ne peut émettre un doute sur le caractère révolutionnaire de Cambry et des administrateurs associés à son œuvre.

Cambry, il est vrai, ne se targuait pas de cette admiration pour Danton, Robespierre et Marat, qu'un orateur officiel recommandait naguère à la France [1]. En 1795, on était trop près de ces personnages, on les connaissait trop bien. En 1795, pas un homme raisonnable n'aurait osé tenir le langage que tient aujourd'hui un ministre. En 1795, il ne serait venu à l'idée de personne d'élever une statue à Danton [2]. Il est vrai encore que Cambry, converti comme tant d'autres républicains, sera un jour le très humble serviteur du maître le plus absolu qui fut jamais ; « qu'il donnerait tout au monde pour être titré et qu'il fera les plus actives démarches pour obtenir cet honneur [3] ; » qu'enfin il mourra préfet de l'empire... Mais, en 1794 et 1795, Cambry, président du district de Quimperlé, était investi de la con-

---

[1] M. Deluns-Montaud, ministre des travaux publics. Discours prononcé au banquet qui a suivi l'inauguration de la statue de Baudin. Nantua, 22 septembre 1888.

[2] Statue inaugurée à Arcis-sur-Aube, le 23 septembre 1888, en attendant celle qu'on inaugurera à Paris, en 1889.

[3] Note de M. DE FRÉMINVILLE, qui a particulièrement connu Cambry. *Voyage dans le Finistère*, par Cambry. Avertissement de l'éditeur, p. VI. Éd. de 1836.

fiance du Directoire du département; et il justifiait cette confiance. Son *Catalogue* et le *Voyage* qu'il a publié ensuite sont pleins de déclamations républicaines et de récriminations contre l'ancien régime et la noblesse [1].

Cambry se recommande par un autre mérite : vivant de notre temps, il n'aurait pas encouru l'épithète de *clérical*. Il ne ménage pas les prêtres. Il répète contre un ordre religieux d'abominables calomnies (p. 102); il traite les Dominicains de *furieux stupides* [2].

Aussi, quand il déplore la ruine des églises, des abbayes, de leurs bibliothèques et de leurs tableaux; quand la destruction d'un antique tombeau, d'une belle toile l'indigne (p. 73), se place-t-il *exclusivement* au point de vue de la science et de l'art. Qu'importe à cet esprit *fort* le point de vue religieux?...

Que le palais des évêques de Quimper vendu nationalement et à vil prix soit transformé en auberge, Cambry n'y voit pas de mal; bien plus! il s'en applaudit, tant il a bien dormi dans un de ces « appartements vastes, propres, bien éclairés, meublés avec recherche, auxquels les tabagies de la Bretagne et de la France entière donnent du prix [3]. »

Mais ce n'est pas assez dire : Cambry a lui-même combattu les pratiques du culte catholique, même célébré par les prêtres assermentés; il écrit : « Nos moyens contre la superstition sont la plaisanterie, des chansons... où les préjugés

---

[1] *Voyage dans le Finistère*, 1797. Nouvelle édition 1836.
[2] *Voyage*, p. 363. — V. encore ci-dessous, p. 53, 58, etc.
[3] *Voyage*, p. 335.

sont attaqués. Nos prêtres (constitutionnels bien entendu), cédant à l'esprit général... rient, comme tout le monde, des miracles et de la vie des saints(1)... »

Comme on le voit, Cambry n'est pas, pour le moment du moins, un de ces esprits à courte vue admettant le gouvernement d'un seul : il n'est pas surtout de ces hommes bornés qui croient à la révélation et ont la faiblesse de se dire chrétiens même en face des bourreaux.

Les administrateurs auxquels Cambry s'adresse ne présentent pas moins de garanties. Ils ont été nommés, il est vrai, après la chute de Robespierre, en remplacement des administrateurs de la *Terreur*. Mais ils ne peuvent être suspects. Ils vendent les biens des couvents qu'ils ferment, ils traquent sans pitié les prêtres non assermentés. Comme Cambry, ils se parent et ils sont dignes du titre de révolutionnaires.

Il n'est donc pas un républicain de nos jours qui ne doive une foi entière à Cambry et aux administrations du Finistère ; et j'oserais défier de produire des témoins qui, au point de vue républicain, puissent offrir plus de garanties.

III

Or que disent ces témoins ?

Cambry nous apprend que, depuis trois mois qu'il parcourt le département, il « erre sur des décombres » (p. 134).

---

(1) Rapport au Comité de salut public, comme membre du district de Quimperlé (1er ventose an II. 19 février 1794). Cité par M. Le Guillou de Penanroz, *L'Administration du Finistère*, p. 264 et suiv.

Il mentionne le sac de la cathédrale et de l'église des Cordeliers de Quimper, — la violation des sépultures des évêques et des tombes qui pavaient l'église des Cordeliers (p. 20, 29); — le brûlement des statues de saints (p. 33); — la destruction des tableaux par le feu ou par le fer (p. 17, 73, etc.); — le pillage des bibliothèques appartenant aux couvents ou aux émigrés (p. 54); — la dispersion des livres, des gravures, des manuscrits; — les livres, « livrés aux épiciers, lacérés en cornets » (p. 42), entassés dans des lieux humides, ou même empilés dans des barriques hérissées de clous, et à peine vides de vin (p. 173); — une « grande quantité de mémoires relatifs à la marine, fruit de deux cents ans d'expérience, une grande quantité de manuscrits sur vélin ornés de vignettes, destinés à faire des cartouches » (p. 105, 137); — les tombeaux d'une église *émiettés* sous le marteau; — la cour de l'église du Folgoët ressemblant « à un champ de bataille, » et « des milliers de statues brisées remplissant les chapelles, les portiques, tous les environs de l'église » (p. 154), etc., etc.

Un jour, déplorant la destruction d'un tombeau portant une statue du XIe siècle, il s'écrie : « Cette précieuse médaille du temps passé n'est plus : regrettons-la, comme cent mille autres que la barbarie du moment vient d'anéantir; et résolvons-nous à l'ignorance puisque notre féroce instinct et notre brutalité nous portent, comme des enfants malfaisants, à déchirer les pages de nos livres » (p. 239).

Les administrateurs qui, sur tous les points du département, entendent les rapports de Cambry, contestent-ils ces renseignements? Accusent-ils le rapporteur sinon d'inexactitude au moins d'exagération ? Pas le moins du monde ! *Unanimement*, ils le félicitent et le remercient de son zèle ; ils proclament son exactitude ; parfois leurs applaudissements et ceux du public interrompent la lecture (p. 159). Enfin, l'administration départementale « joint ses justes éloges » à ceux des districts, et « partage les sentiments de reconnaissance dont Cambry a partout reçu des témoignages » (p. 267).

Et qu'on veuille bien le remarquer ! Les dévastations signalées par Cambry n'étaient pas particulières au Finistère. Lui-même nous l'apprend : quand il décrit le sac de la cathédrale de Quimper, quand il déplore la destruction d'un tableau de Restout brûlé à Landerneau, il jette les yeux hors du département et il s'écrie : « La surface entière de la France n'offre que des ruines (p. 21) [1]. — Gémissons sur les ravages affreux qu'on vient d'exécuter en France, sur ces milliers de monuments détruits ! » (p. 73). — Aurait-il parlé ainsi s'il avait cru aller au-devant d'un démenti ?...

Or, nous verrons tout à l'heure que ces dévastations étaient, au moins pour partie, l'exécution des lois révolutionnaires obligatoires par toute la France [2].

---

[1] Un autre tableau de Restout disparaissait dans le même temps à Roscoff. V. ci-dessous lettre de Valentin.

[2] Le 14 août 1792, l'Assemblée législative avait ordonné « que les monuments, restes de la féodalité, de quelque nature qu'ils fussent, existants dans les temples et autres lieux publics ou même à l'extérieur des maisons particulières, seraient sans aucun délai détruits à la diligence des Communes. » (DUVERGIER, IV, p. 360). — Décret du 14 septembre 1793 ordonne « aux officiers municipaux de supprimer les armoiries dans les églises dans le courant d'un mois, sous peine de destitution. » (DUVERGIER, VI, p. 208).

IV

L'apparition nouvelle de ces témoignages contemporains et irrécusables sera pour plusieurs une cause d'étonnement et de scandale. De nos jours on refait l'histoire ; mais on ne se pique pas de logique. Ainsi, en même temps qu'on glorifie l'abbé Grégoire, on le soufflette. Je veux dire qu'on s'inscrit en faux contre son fameux rapport sur le *Vandalisme*. N'est-ce pas, en effet, accuser Grégoire de mensonge que de soutenir cette proposition : « C'est par suite d'une légende « absolument injuste et fausse que l'on prétend que les « églises ont été détruites par les républicains pendant la « période révolutionnaire. »

Cette téméraire affirmation s'est produite à la tribune de la Chambre des députés. Je copie le procès-verbal [1] :

SÉANCE DU 5 DÉCEMBRE 1883

Discussion du budget des Beaux-Arts. Chap. 30. Monuments historiques et mégalithiques. (Crédit proposé) 1.575.200 fr.

M. Marius Poulet demande une réduction de 400,000 fr. — Il développe son amendement.

M. Antonin Proust, rapporteur. — Messieurs,... M. Poulet a déposé un amendement qui demande sur le crédit des monuments historiques une réduction de 400,000 fr., dans le but d'arrêter la restauration des monuments religieux.

---

[1] *Journal officiel*, p. 2656 et 2657, n° du 6 décembre 1883.

M. Poulet. — Parfaitement.

M. A. Proust. — Eh bien! j'ai la satisfaction de constater qu'à ce point de vue Marius Poulet appartient à une très petite église, que tout le monde absolument en France considère que c'est un véritable honneur pour ce siècle d'avoir réhabilité l'art national dans ces monuments religieux...

M. Poulet disait tout à l'heure qu'il était de tradition révolutionnaire de détruire les églises; il se trompe absolument.

M. Poulet. — Je proteste énergiquement : vous me prêtez des paroles que je n'ai pas prononcées. Je demande la parole.

M. le comte de Lanjuinais. — Mais oui, c'est dans la tradition révolutionnaire. Sous la commune on a bien essayé de brûler Notre-Dame.

M. A. Proust. — Je vous prie, mon cher collègue, de relire, à cet effet, le beau livre sur les *Arts pendant la Révolution* (1), livre qui a été écrit par un honnête homme, M. Despois. Vous y verrez que la Révolution s'est attachée non pas à détruire les églises; mais, au contraire, à conserver tous les monuments religieux ou non dont le pays pouvait se faire gloire; et que c'est par suite d'une légende absolument injuste et fausse que l'on prétend que les églises

---

(1) Citation inexacte. Le titre du volume est : *Le Vandalisme révolutionnaire.* V. la nouvelle édition, 1888. Félix Alcan, éditeur. — M. Proust ne se pique pas d'exactitude : il a publié deux volumes intitulés d'un titre un peu ambitieux : *Archives de l'Ouest.* Les Bretons y apprennent une nouvelle géographie de leur province : ils y trouvent des villes ou lieux nommés Louimé, Balance, Kronsout, le château du Favreau, que, jusqu'ici, ils avaient appelés Locminé, Banalec, Crozon et le château du Taureau. L'orthographe des noms de personnes n'est pas moins nouvelle; et, ce qui est plus grave encore, ce sont les inexactitudes de fait... (M. KERVILER, *Recherches sur les députés de la Bretagne aux États généraux,* etc. *Revue historique de l'Ouest,* I, p. 52 et suiv.

ont été détruites par les républicains pendant la période révolutionnaire : c'est dans les guerres de religion qu'il faut chercher ces actes de vandalisme...

V

J'ai suivi le conseil de M. Proust. J'ai lu le livre de M. Despois. L'auteur ne m'a pas convaincu. Pourquoi ? Parce qu'il est démenti par les lois révolutionnaires, par les auteurs contemporains, qui apparemment savaient mieux que les hommes de notre temps ce qu'ils avaient vu ; et par d'autres témoins non moins irrécusables, les *ruines*.

En 1789, il y avait dans le territoire formant aujourd'hui le Finistère huit abbayes [1] et de nombreux couvents. Plusieurs couvents subsistent dans les villes : quelques-uns ont repris leur destination première ; la plupart sont devenus casernes, hôpitaux, hôtels de ville, prisons, palais de justice. Mais les abbayes situées à la campagne et nombre de chapelles urbaines ou rurales ont disparu. « Ce ne sont pas les républicains qui les ont détruites, répond hâtivement M. Proust ; ce sont les guerres de religion. » — Je réponds : « Mais les monuments dont je parle existaient en 1789. Y a-t-il donc eu des guerres de religion depuis cette date ? »

---

(1) Y compris le prieuré de Locmaria (Quimper) et l'abbaye de Daoulas réunie, en 1673, au séminaire de la Marine à Brest. (*Gall. Christ.*, XIV, 894, 987). — Je parle des abbayes du Finistère actuel et non de celles des deux diocèses de Quimper et de Léon. Le diocèse de Quimper comprenait en outre dans le département actuel des Côtes-du-Nord trois abbayes ruinées comme les autres.

La vérité est qu'une partie de ces monuments a été ravagée ou même détruite en 1792 et années suivantes ; et que le reste a été vendu comme bien national (1). Or, vendre une église c'est la livrer à la destruction. C'est une *carrière* que la nation vend et c'est une *carrière* qu'elle entend vendre.

La preuve de cette intention la voici : Une expertise précédait la vente ; or l'expertise compte minutieusement et a soin d'évaluer les *pierres de taille* qui garnissent les portes et les fenêtres. — Bien plus! dans quelques départements les actes de ventes nationales portent, comme clause de rigueur, que l'église vendue sera démolie dans un délai fixé (2).

Du reste, que l'acte le dise ou non, c'est une carrière que l'acquéreur d'une église entend acheter. De bonne foi, que voulez-vous que fasse un particulier acquéreur d'une chapelle comme, par exemple, *Notre-Dame du Mur*, à Morlaix, avec sa flèche audacieuse rivale de celle du Creisker? Il jette bas la chapelle; le merveilleux clocher tombe ; et, de ses débris se bâtit une maison que j'ai habitée.

Et l'acquéreur de Landevenec, que fera-t-il de *son* abbaye ? C'est la première fondée en Bretagne ; son église

---

(1) En ce qui concerne les églises : décret notamment du 8 mai 1791 comprenant dans la vente les cimetières comme dépendances des églises. — En ce qui concerne les communautés : décret du 18 août 1792, suppression des congrégations, même de celles uniquement vouées au service des hôpitaux et au soulagement des malades (art. 1er). Pour les biens des hôpitaux, la vente était arrêtée en principe dès le 3 décembre 1790. — (DUVERGIER, IV, p. 382.)

(2) Sauf le clocher renfermant les cloches réservées pour des usages civils. — Je puis citer le département du Pas-de-Calais, où la condition de la vente a reçu son exécution : nombre de tours ou clochers sont encore debout : les églises dont ils faisaient partie ont disparu.

renferme le tombeau du roi Gradlon. Qu'importent ces souvenirs? Ce qui importe, c'est que les pierres seront fructueusement employées à Brest. L'acquéreur démolit l'église et une partie de l'abbaye, et l'embarque pierre à pierre pour Brest [1].

Et pourquoi pas? La nation a donné l'exemple, et, à Landevenec même, elle a d'avance justifié tous les actes de vandalisme. Elle a laissé piller « la riche bibliothèque visitée par Montfaucon, par Mabillon; » et « les livres en parchemin » ont été envoyés, selon leurs dimensions, à Brest pour faire des gargousses, ou à Morlaix « pour humecter des tabacs (p. 244) [2]. »

VI

Voilà... non ce que nous apprennent (c'était su de toute la Bretagne), mais ce que démontrent Cambry et les administrateurs du Finistère.

Encore Cambry n'a-t-il pas insisté sur cette immense destruction de titres faite pour cause ou sous prétexte de féodalité.

Pendant qu'à Rennes on brûlait solennellement sur la place du Palais les arrêts de la Chambre de Réformation

---

[1] « ... Où les matériaux ont servi à la construction d'un quartier... ». M. DU CHATELLIER, *Études sur quelques anciens couvents*, p. 40. L'auteur dit que l'abbaye de Landevenec fut adjugée pour le prix d'une paire de bœufs payée en assignats.

[2] Nous verrons plus loin que des livres précieux étaient, ailleurs qu'à Brest, employés à faire des gargousses.

de la noblesse, d'autres *brûlements* de titres se faisaient sur les places des villes et des moindres bourgs.

Et, remarquez-le, ces destructions n'étaient pas, comme on le répète complaisamment, l'œuvre de la multitude rendue barbare par sa rusticité même. Elles étaient l'exécution non d'un décret isolé, mais d'une série de décrets, tant la Législative et la Convention avaient ces destructions à cœur [1] !

Il faut que tous les titres entachés de féodalité périssent, et la Convention ordonne aux municipalités de les brûler solennellement devant les citoyens assemblés [2].

Une objection se pose : Mais les titres *mixtes* comprenant des droits féodaux et d'autres,... ne peut-on distinguer? ne peut-on attendre six mois pour les brûler ? La raison et la justice disent : Oui. La passion répond : Non! Et un second décret ordonne de tout brûler sans aucun délai [3].

---

[1] Brûlement des titres généalogiques sur la proposition du *ci-devant* marquis de Condorcet. Ass. Législ., 19 juin 1792. — Brûlement des titres des Comptes, 19 août 1792.
M. Despois dit que, dans les premiers jours de son installation, la Convention (3 octobre 1792) se hâta de revenir sur ce dernier décret, et elle ordonna « de vendre ces parchemins ou de les employer à faire des gargousses ». « C'était au moins », ajoute M. Despois, « donner une destination utile aux pièces que le triage ordonné par la Législative avait vouées à la destruction », p. 242. Mais le décret du 3 octobre ne vise pas les titres de noblesse existant dans les dépôts publics et condamnés au feu par le décret du 19 juin 1792. — Nous allons voir la Convention compléter ce dernier décret en ordonnant d'autres brûlements.

[2] Décret du 17 juillet 1793. — Art. 6. « Les ci-devant seigneurs et tous dépositaires de titres constitutifs de droits supprimés... seront tenus de les déposer dans les trois mois aux greffes des municipalités : ceux qui seront déposés avant le 10 août seront brûlés le dit jour en présence du Conseil de la commune et des citoyens. (DUVERGIER, VI, p. 28.)

[3] Décret du 2 octobre 1793 (16 vendémiaire an II). — La Convention nationale, après avoir entendu la lecture faite au nom de son Comité de législation, d'un projet de déclaration contenant deux points principaux : — Sé-

Vienne maintenant un décret du 2 décembre suivant (12 frimaire an II), ordonnant de réunir dans un dépôt les parchemins et papiers donnés pour être brûlés [1]. — Il vient trop tard, les municipalités ont fait apporter et brûler sur la place de chaque ville ou bourg, les titres féodaux ou non [2].

C'est ainsi qu'à Blain, les titres de la maison de Clisson, classés en bel ordre dans une des tours du château, et « contenant notre histoire de Bretagne depuis le XIIe siècle », disparaissent dans les flammes [3].

M. Proust, qui ne peut nier ces décrets barbares, dirait sans doute, avec M. Despois, qu'ils n'ont pas reçu leur exécution [4]; sans doute aussi ne manquerait-il pas d'op-

parer dans les actes portant concession primitive de fonds à titre d'inféodation ou d'accensement, ce qui était purement foncier, d'avec les droits qui, sous le nom de cens et de casualité, rappelleraient le régime tyrannique aboli par le décret du 4 août 1789. — 2° Proroger de six mois le brûlement des titres féodaux mixtes, — passe à l'ordre du jour motivé sur le décret du 17 juillet relatif aux droits féodaux. (DUVERGIER, VI, p. 251.)

Ces deux décrets ont échappé à M. Despois. On n'a pas le droit de soupçonner qu'il les ait volontairement passés sous silence ; mais il a joué de malheur en ne les citant pas, ils détruisent tout son raisonnement.

(1) DUVERGIER, VI, p. 389.

(2) Le 12 décembre 1793 on brûla d'autres titres à Quimper : les *Authentiques* des reliques de la cathédrale. La statue de la Liberté était dressée sur un piédestal sur la face duquel on lisait :

> Périssent les tyrans!
> Périssent les despotes!
> Crèvent les ci-devants!
> Vivent les sans-culottes.

Cette *poésie* était, comme le reste, approuvée par l'administration. M. LEMEN. *Monographie de la Cathédrale*, p. 249. Voilà comment s'exécutait le décret tardif du 2 décembre.

(3) M. DE LA BORDERIE, *Annuaire historique de Bretagne*, 1862, p. 242.

(4) M. Despois nie que les brûlements se soient faits en beaucoup de lieux parce qu'il en reste peu de procès-verbaux (!) (p. 237). Mauvaise raison. En Bretagne, la tradition de presque chaque commune garde la mémoire de brû-

poser à ces témoignages les décrets des 19 juin 1790, 13 novembre 1790, 10 octobre 1792, qui prescrivent la conservation des monuments, des églises et des maisons devenues nationales. Hélas! ces décrets étaient surannés quelques mois après leurs dates ; et ils avaient fait place aux décrets que j'ai cités plus haut.

Plus tard, il est vrai, l'administration, revenant enfin au bon sens, abandonna ces derniers décrets, et prescrivit l'exécution des décrets de 1790 et 1792. — Mais elle ne put obtenir l'obéissance ; et l'on peut dire que ce qui est resté sans exécution, ce sont justement les décrets protecteurs des monuments de l'art.

Je lis dans un *document révolutionnaire* du temps :

« Les lois conservatrices des monuments sont inexécutées ou inefficaces. »

Le Comité d'Instruction publique a vainement adressé une circulaire aux municipalités... « Les administrateurs ne répondent pas... parmi ceux qui répondent, quelques-uns ont encore, je ne dirai pas la *manie*, mais la *fureur* de détruire et de livrer aux flammes. Cette marche est plus expéditive que d'inventorier... »

« On brûlait les livres mal reliés... Le missel de la chapelle des Capets à Versailles allait être livré pour faire des gargousses, » comme les manuscrits de Landevenec.

---

lements officiels, dont il ne reste aucune trace aux archives. — Il dit un peu plus loin qu' « il est prouvé que la plupart des titres brûlés n'avaient aucune valeur historique » (p. 239). Le fait que je viens de citer et beaucoup d'autres sont la preuve du contraire pour la Bretagne.

« De toutes parts, le pillage et la dévastation étaient à l'ordre du jour. »

Est-ce un ennemi de la Révolution qui parle ainsi. Non ! C'est un révolutionnaire ; et il a fait ses preuves. Dans le document que je copie, il applaudit aux destructions sacrilèges de Saint-Denis :

« A Franciade, » dit-il, « la massue nationale a frappé les tyrans jusque dans leurs tombeaux (1). »

Ces phrases ont été écrites par la même main qui a écrit la phrase fameuse : « L'histoire des rois est le martyrologe des peuples. » Elles sont extraites du rapport de l'abbé Grégoire sur le *Vandalisme*. Qu'on lise ce rapport tout entier, qu'on parcoure le *Bulletin des Lois,* et l'on se convaincra qu'avant de nier les destructions exécutées *par les républicains pendant la période révolutionnaire,* il faut s'inscrire en faux contre le rapport du révolutionnaire Grégoire, contre le *Bulletin des Lois révolutionnaires,* et contre tous les témoignages historiques relatifs à cette période (2).

---

(1) Décret des 1er et 2 août 1793.
Art. 11. — Les tombeaux et mausolées des ci-devant rois élevés dans l'église de Saint-Denis, dans les temples et autres lieux dans toute l'étendue de la République seront détruits le 10 août prochain. »
L'exécution eut lieu les 6, 7 et 8 août; et les patriotes n'épargnèrent ni Du Guesclin ni Turenne !
(2) *Moniteur*, an II, n° 346, p. 1422. Le 14 fructidor an II (31 août 1794), Grégoire demanda la parole pour lire, au nom du Comité d'Instruction publique, un rapport sur les dégradations effrayantes qu'ont éprouvées depuis quelque temps les monuments des arts... — L'Assemblée s'associa aux conclusions du rapport.
Le rapport est publié *in extenso* n° 9, p. 43 et suiv. *Moniteur* an III (vendémiaire — septembre-octobre 1794).

VII

Il est, je pense, bien démontré que Cambry n'a ni inventé ni exagéré. Il mérite le reproche contraire : il est incomplet. A peine mentionne-t-il les ventes de bibliothèques des couvents ou des émigrés faites précipitamment par l'administration (p. 52, 142, 226). Mais il y a toute une série de dévastations qu'il a omise. Je veux parler des destructions, des *brûlements* opérés par les particuliers sur des maisons de *suspects* ou de présumés émigrés, et surtout des pillages exercés dans les mêmes lieux, et à leur profit personnel, par des patriotes zélés[1]. Beaucoup de communes, on pourrait peut-être dire toutes les communes, ont été le théâtre de ces exploits révolutionnaires. Pas une en effet qui n'eût quelque suspect ; et l'administration présumait émigré *à tort et à travers*. Je ne donnerai qu'un exemple, mais illustre...

La Tour d'Auvergne, le futur premier grenadier des armées de la République[2], combat glorieusement aux Pyrénées, en 1793. Comment l'administration du Finistère paie-t-elle ses services ?... Elle le présume émigré et elle séquestre son modeste patrimoine !

En mars 1793, La Tour d'Auvergne adresse aux administrateurs un certificat de présence au corps ; — le 13 mai, les quatre représentants en mission à l'armée réclament, par une lettre collective, la levée du séquestre ; — le 2 mai, le

---

[1] V. pourtant, p. 190.
[2] Arrêté du 7 floréal an VIII. *Moniteur*, an VIII, p. 886. — Et non, comme on le répète, premier grenadier de France.

26 juillet, La Tour d'Auvergne est porté à des ordres de l'armée que publie le *Moniteur*. — Tout est inutile, et, huit mois plus tard, le séquestre n'est pas levé ! Le glorieux soldat a cinquante ans; trente-deux ans de services ont usé ses forces, il faut qu'il emprunte pour faire sa route, il faut qu'il fasse à pied cette troisième campagne, comme il a fait les deux précédentes, parce qu'il ne reçoit pas ses revenus depuis trois années [1] !

Un mot sur cette réimpression.

La première édition avait été faite trop hâtivement : dans sa *préface*, Cambry se plaignait des fautes qui lui avaient échappé, et dans un *erratum* il en signalait un grand nombre. Les corrections indiquées par Cambry ont été faites dans cette nouvelle édition. En outre, quelques fautes évidentes d'impression ont été corrigées. Mais d'autres fautes subsistent; nous n'avons pas osé les faire disparaître : ne sachant si *l'orthographe* appartient à l'auteur ou à l'imprimeur de l'an III, nous l'avons respectée, quelque capricieuse qu'elle soit [2].

Le lecteur est averti, et il n'imputera pas à l'imprimeur de la seconde édition les fautes qu'il pourra relever souvent.

[1] En preuve de ce *parti pris* de l'administration du Finistère, voir : Lettre des représentants (*Bulletin de la Société Archéologique du Finistère*, II, p. 119). — Lettre de La Tour d'Auvergne, 1er nivose an II (21 décembre 1793. *Ibid.*, IX, p. 251).

[2] Exemples : le mot *hasard*, écrit tantôt comme nous l'écrivons *hasard*, tantôt *hazard,* selon l'ancienne méthode; — le mot *dessin* écrit indifféremment *dessin* et *dessein;* — nombre de noms propres commençant par des minuscules, etc., etc.

Quelques erreurs seulement sont à signaler dans les notes mises au bas des pages : on les trouvera dans un *Errata*.

A la suite des documents publiés se trouve une table.

Pour le *Catalogue*, cette table comprend : 1° l'indication des rapports de Cambry aux districts et des délibérations de chaque district ; 2° les titres que Cambry a donnés à quelques divisions de ses rapports ; 3° des titres analogues que nous avons jugés utiles pour faciliter les recherches et que nous avons marqués d'astérisques.

Après le catalogue de Cambry, nous avons donné en *appendice* une lettre du peintre Valentin et deux courts extraits des registres du *comité de surveillance* de Quimper.

La lettre de Valentin nous renseigne sur la destruction des tableaux de la cathédrale de Quimper et de plusieurs autres églises [1].

Valentin est un témoin que pas un républicain ne peut récuser. Vainqueur de la Bastille, membre du district de Quimper en 1792, il avait, dit Cambry, servi la Révolution de son épée, de sa plume et de son pinceau [2]. — C'est

---

[1] La *Société d'émulation des Côtes-du-Nord* vient de publier cette lettre dans une intéressante notice sur Valentin, écrite par M. Ollivier, ancien magistrat, avocat à Saint-Brieuc. C'est pour cette notice que j'avais copié cette lettre aux archives de la mairie de Quimper. J'ai cru qu'elle pouvait être reproduite à propos à la suite du *Catalogue* de Cambry.

[2] CAMBRY, *Voyage*, p. 337. Il ajoute : « Quelques chansons grivoises ont répandu parmi le peuple des idées patriotiques, sans le porter à des fureurs. » Il nous donne deux échantillons choisis, apparemment parmi les meilleurs. On ne peut rien imaginer de plus plat.

donc en toute confiance que nous invoquons le témoignage de Valentin [1].

Les deux délibérations du comité révolutionnaire sont relatives au brûlement des statues de saints arrachées aux églises de Quimper dans la journée du 12 décembre 1793.

Cambry nous dit que, « ce jour, aux yeux d'un peuple pieux et tranquille, des hommes excités par un nouveau genre de fanatisme, secondés de soldats égarés, osèrent profaner, brûler, pulvériser tous les objets de la religion, de l'adoration de leurs pères. » (P. 20 et suiv.)

Le tableau ainsi présenté est incomplet et faux. Il nous montre le sac de Saint-Corentin comme l'œuvre d'émeutiers : mais en réalité ces prétendus émeutiers exécutaient la loi quand ils brisaient les tombes chargées d'armoiries ; et d'ailleurs, ils étaient autorisés par l'approbation et par la présence des administrations. Cette dernière circonstance nous est révélée par le comité révolutionnaire.

Au lendemain du brûlis des statues de saints, le 27 frimaire an II (17 décembre 1793), le comité réprimande violemment et fait arrêter un citoyen qui, exprimant la pensée de toute la ville, a osé demander de quel droit on a brûlé les saints, et surtout saint Corentin, fondateur, patron et protecteur de la cité.

---

[1] Le civisme de Valentin ne rachetait pas l'incivisme de ses tableaux religieux. Au moment même où il défendait en pure perte les tableaux de Quimper, un honnête citoyen de Morlaix avait peine à sauver du feu deux tableaux de Valentin. V. ci-dessous, p. 206.

Dans la seconde délibération du 26 prairial an III (14 juin 1795) le comité délivre un certificat « attestant que les autorités constituées et la garde nationale, drapeau déployé, assistaient à la cérémonie dans laquelle les statues des ci-devant églises furent livrées aux flammes. »

On le voit, ces actes de sauvagerie ne sont pas imputables à une bande d'émeutiers ; elles furent l'œuvre de l'administration. Le certificat du comité est, à cet égard, un acte authentique.

Il n'est pas besoin de rappeler les titres du comité révolutionnaire à la confiance ; mais il faut remarquer que le témoignage du comité a d'autant plus d'intérêt ici qu'en délivrant ce certificat à un homme emprisonné depuis cinq mois « pour avoir exagéré les mesures de répression portées contre le culte catholique », il s'accusait lui-même d'une sorte de complicité.

Le décret du 21 ventôse an III (11 mars 1795) avait ordonné que les registres des comités révolutionnaires seraient déposés. Mais ces comités, lors même qu'ils n'avaient pas pillé [1], avaient eu un rôle odieux ; et les citoyens qui en avaient fait partie avaient trop d'intérêt à faire disparaître les preuves de leur tyrannie. Presque tous ces registres ont disparu.

On ne refusera pas aux documents que nous publions la qualité de *révolutionnaires* que demandait M. le ministre

---

[1] Expression de Beaudouin de Maison-Blanche, membre du comité de Saint-Brieuc. *Revue historique de l'Ouest*, I, p. 208.

de l'Instruction publique. Cette publication servira-t-elle au but qu'il indiquait ? — Oui : Elle *dissipe la légende*, elle *rétablit la vérité* de l'histoire... Toutefois, nous n'avons pas songé à solliciter le secours que M. le ministre offrait comme une espérance aux éditeurs de *documents révolutionnaires*.

PRÉFACE

J'AI *fait le catalogue que je donne au public à la hâte, parce que chaque jour amenait de nouveaux désordres, parce que les crimes de l'ignorance, d'une insouciance inconcevable succédaient à ceux de la brutalité de quelques écoliers féroces. J'aurais voulu me trouver en même temps sur tous les points de la République, sauver tant de monuments précieux à l'histoire, aux bons cœurs..... Ils ne sont plus!*

Dans le voyage pénible que j'ai fait, dans un hiver très-rigoureux, mon respect pour les arts m'a donné les forces nécessaires. Je ne crois pas qu'un seul objet important m'ait échappé.

J'ai déclaré aux Administrateurs du Département, au Comité d'instruction publique, que je pouvais donner un état complet du Finistère dont j'ai parcouru les rivages pitoresques, dont j'ai tâché de connaître les mœurs; cet ouvrage serait terminé si les ennemis de toute espèce qui nous entourent m'avaient permis un instant de repos. Il est difficile de présider une Administration, de s'opposer aux désordres occasionnés par des soldats indisciplinés, par des chouans, par des agioteurs, par des Anglais; de secourir tant d'infortunés, volés, battus, ruinés, assassinés, et de faire un livre.

Je n'ai pu faire copier mon manuscrit, je n'ai pu corriger les épreuves de ce catalogue. On sent, malgré l'intelligence de l'imprimeur, combien de fautes, combien de répétitions m'ont échappé.

On pourra blâmer mon rapport, mais les livres, les monumens épars dans le Finistère sont préservés d'une ruine totale.

CAMBRY.

Quimper.

Citoyens Administrateurs,

Vous avez nommé le citoyen Le Bastard et le citoyen Hurault pour former la bibliothèque du District; ils se sont acquitté avec zèle, avec intelligence de cette commission; plus de 20000 volumes ont été placés, classés par eux. Ils en ont porté les titres sur des cartes et se sont exactement conformés à l'ordre prescrit par le comité d'instruction publique. Le citoyen Le Bastard, nommé membre du Département, est remplacé par le citoyen Trésurin, homme instruit, homme lettré, en état de terminer dans peu de temps le travail dont il est chargé.

On a placé vos livres dans l'ancienne congrégation des Jésuites, bâtiment long, étroit, qui n'en contient pas la moitié. Le reste est entassé dans deux chambres insuffisantes, incommodes, mal éclairées.

La maison Duhafond, dont la moitié appartient à la nation, n'offre pas une salle assez considérable pour qu'un seul bibliothéquaire en puisse surveiller les lecteurs et les curieux, peu scrupuleux.

Le citoyen Detaille, Ingénieur des ponts et chaussées, a présenté le projet d'un établissement nécessaire, près de la maison qui réunit les corps constitués, sur un des angles du Champ-de-bataille [1]. En construisant un tribunal criminel, une prison civile, une maison d'arrêt, ne pourrait-il pas destiner une vaste salle à la bibliothèque. Il serait à souhaiter qu'on adoptât le plan des Augustins de Sienne; son exécution ne serait pas couteuse. Ce Bâtiment simple, de cinquante pieds de long, sur quarante-cinq pieds de hauteur, est voûté, éclairé par quatre ouvertures pratiquées dans la voûte. Un beau plafond récrée la vue, on n'a rien négligé pour en rendre le séjour aimable. Votre bibliothèque, si le plan du citoyen Detaille était adopté, serait élevée sur une belle place qu'elle décorerait, sur les bords de l'Odet, auprès d'une agréable et longue promenade, dans un air pur, à la portée de tout le monde.

---

[1] Cambry parle ici de l'ancien hospice Sainte-Catherine, aujourd'hui l'Hôtel de la Préfecture.

État des diverses Collections de Livres réunis au dépôt littéraire du District de Quimper.

ELLES PROVIENNENT,

Du Séminaire.
Du Présidial.
Des Cordeliers.
Des Capucins de Quimper.
Des Carmes du Pont-Labbé.
Du Collège.
Des malheureux Administrateurs de l'ancien Département.
De Trémaria.
De Larchantel.
De Cosseu.
De l'ex-Chanoine Dulaurent.
De l'ex-Jésuite le Guillou.
Des émigrés Silguy, Chéfontaine, Lansalut.

Quelques livres ont été mêlés sans qu'on puisse en désigner les anciens propriétaires. Le plus grand nombre est placé de manière à ce qu'on puisse les reconnoître.

Avant la loi qui prescrit de conserver les monumens des arts pour le Muséum national on a vendu quelques tableaux, des gravures et des livres.

Votre collection n'a pas offert les richesses qu'on a droit d'attendre d'un amas de volumes aussi considérable. Vous avez cependant

N° 75. C. J. Cœsaris Commentaria, *Lugduni, Gryphius*, 1549, cum Hircii et Jucundi Narrationibus.

1441. Perronii de rebus naturalibus, *Lutetiæ, Hicmanni*, 1520, *in-4°*.

1493. Pub. Ovidii Metamorphoseon, lib. una cum Enarrationibus Raphaelis Regii, *Lugduni, Maillet*, 1597, *in-4°.*, car. got.

1211. Platonis Timæus, *Parisiis, Tiletani*, 1542, *in-4°.*, grec.

1533. M. T. Ciceronis Epistolar. famil. lib. 16, cum Jod. Badii interpret. *Parisiis, Regnault*, 1536, *in-4°*.

1802. Justiniani Imp. Institut. 1497, *Lugduni*.

1867. Horatii Flac. Carmina, *Parisiis, Colinei*, 1533, *in-8°.*, gr. pap.

1974. M. T. Paradoxa, cum Silvii Comment. Jod. Badii, 1532, *in-4°*.

2118. Porphirii Prædicabilia et Prædicamenta Aristotelis, Boetio Severino interprete, *Parisiis, Le Bret*, 1541, *in-8°*.

211. Nicolo Machiaveli discorsi sopra la prima decadi, Titi Liv. a Zanobi Buondelmonti et a Cosimo Rucellai, 1550, *in-4°*.

834. Laurentii Vallæ de elegnatiâ, lib. 6. *Parisiis, Rob. Steph.*, 1533, *2 tom. en 1 vol. in-4°*.

857. [Pierre Appian] la Cosmographie de *Anvers, Boute*, 1554, *in-4°*.

1060. Galeni Claudii de medicinâ etc. Opus, *Basileæ*, 1531.

1062. Sacro Bosco [Joannis de] textus de spherâ cum compositione annull. astronomici Boneti latensis et geometriâ Euclidis Megarensis, *Parisiis, Colinæus*, 1538, 2 *tom. en* 1 *vol. in-*f°.

1064. Joannis Charadami Lexicopater Ethimon. *Paris, Rolant,* 1543, *in-*f°.

1083. Platonis Opera, *Lugduni, Vincentius,* 1548, *in-*f°. reg.

1100. Stræbei Remensis, Jacobi Ludoici et aliorum in M. T. Ciceronis Opera Commentaria. *Basileæ, Winter,* 1541, *in-*f°.

1104. Gulielmi Budæi Forensia, *Lutetiæ, Rob. Stph.* 1548, *in-*f°.

1363. Publii Terentii Comediæ, *Lugduni,* 1537, *in-*4°., car. got.

1367. Georgii Vallæ Comment. in Ciceronis Tuscul. Quæst. *Lutetiæ, Vascosanus,* 1549, *in-*4°.

1401. Q. Horatii Ars poëtica, *Parisiis, Rob. Steph.* 1533, *in-*4°.

1401. Guidonis Juvenalis in latinæ linguæ elegantias, tam à Laurentio Vallâ quam à Gellio memoriæ proditas interpretatio, *Parisiis, Rob. Steph.* 1528, *in-*4°.

1415. Ascensii de grammaticâ Compendium, *Lutetiæ,* 1501, *in-*4°.

1503. Despoterii Syntaxis, *Parisiis, Rob. Steph.* 1538, *in-*f°.

1519. Orontis finei in sex priores libros geometricorum elementorum Euclidis megarensis Demonstrationes, *Parisiis, Colineus,* 1536, *in-*f°.

1570. Simonis Majoli Dies caniculares, *Moguntiæ, Schouvetter, in-4°.*, 1510.

1926. Les grandes Croniques de Bretaigne, 1532, *in-4°.*, car. got.

2526. Jodoci Badii Ascensii in Cicero. Comment. *in-4°. Lugduni, Balano,* 1504, car. got.

2574. Josephi, judæi Historici, Opera, *Parisiis,* 1514, *in-f°.*, car. got.

2611. Minoritæ Alfonsi de Castro adversus omnes hæreses, libri 14, *Parisiis, Vascosanus,* 1541, *in-f°.*

1511. Joannis Thauleri, etc. *Parisiis, Coffereau, in-4°.*, 1546.

1740. Jacobus Saa de navigatione libri tres, quibus mathematicæ disciplinæ explicantur. *Parisiis, Calderius,* 1549.

1802. Thucididis, atheniensis Historiographi, de bello peloponesiaco à Laurentio Valensi translati cum ejusdem vitâ ; accesserunt Herodoti halicarnas. hist. Laurent. Vallâ inerpret. et Homeri vita, 1528, *in-f°.*

2615. Jacobi de voragine Opera, *Lugduni,* 1499, *in-4°.*, 3 vol.

2937. Petri de Aylliaco quæstiones, *Argentinæ,* 1490, *in-f°.*, car. got.

3097. De rebus saxonicis historia batavica, *in-8°.*, 1535.

71. Sententiæ et Proverbia ex omnibus Plauti et Terentii Comediis, *Rob. Steph.,* 1530, *in-8°.*

7. Aristotelis decem libri Ethicorum ad Nicomachum ex traductione Joan. Argyropili Bizantii etc. *Paris, Colin, in-8°.,* 1530.

1028. Luciani samosatensis Opera quæ græcé extant, *Basileæ,* 1545.

1293. Divi Platonis Opera, *Basileæ, Frobenius,* 1539, *in-f°.*

1339. Gulielmi Budæi Forensia, *Lutetiæ, Rob. Steph.* 1548, *in-f°.*

1585. Logica vetus et Quæstiones super logicam Aristotelis, *Pictavii, Bouyer,* 1491, *in-f°.*

1586. Joan. de Turrecremata Summ. *Lugduni, Trechsel,* 1496, *in-f°.,* car. got.

1622. Ægidius Decfus de virtutibus et vitiis, *in-f°. Paris,* 1490, car. got.

3345. Antonini Florentini quarta pars summæ, *Venetiis,* 1481, *in-f°.,* car. got.

3369. Laurentii Vallæ ac Pomponii Narrationes in Quintiliani Institut, *Venetiis, Peregrinus de Paschalibus,* 1494, *in-f°.*

2318. Ambrosii Spiera de floribus sapient, *Venetiis, Grassis de Papia,* 1485, *in-4°.,* car. got.

2334. Pii II Epistolæ et varii Tractat. *Lugduni, de Vingle,* 1497, car. got., *in-4°.*

2432. Justiniani Institut. *Paris, Bocardi,* 1499, *in-4°.,* car. got.

3075. Jacobi Magni, S.[ti] Augustini heremitæ Sophologium, *Parisiis, Crantz,* 1475, *in-4°.,* car. got.

28. Valerius Maximus, etc. Justini et Flori Epitome, *Venetiis, Locatellus*, 1493, *in-f°*.

Opera Q. Horatii Flac. edita per Georgium Fabricium Chemnicensem, *Basileæ*, per *Henricum Petri*, 1555, *in-4°*.

Herodoti Histor. cum Vallæ interpret. ab Henrico Steph. recognitæ, *Francofurti, apud Claud. Marnium*, 1608, *in-f°*., grec et latin.

Francisci Aquilonii e societate Jesu Opticorum, *Antuerpiæ, ex oficinâ Plantinianâ*, 1615, *in-f°*.

Dell'Idea della Architettura di Vincenzo Scammosi, Architetto veneto, *in Venezia, presso l'Autore*, 1615, *in-f°*.

L'Architecture et Art de bien bâtir du Sieur Léon Baptiste Albert, trad. en français par Jean Martin, *Paris, par Jacq. Kerver*, 1553, *in-f°*., fig.

L'Architettura di Andrea Palladio, *in Venetia*, 1692, fig., *in-f°*.

Le Secret d'Architecture par Mathurin Jousse de la Ville de la Flèche, *à la Flèche*, 1642, *in-f°*., fig. Ce livre a trait sur tout à la coupe des pierres, fondée sur les connoissances géométriques.

Un Manuscrit *in-f°*. contenant des règles, principes et préceptes d'Architecture et de Géométrie. Ce manuscrit est antérieur à l'an 1664.

Vous voyez par cet exposé que vous possédez quelques éditions de 1400, des éditions des Plantins, des Kerver, des Rob. Etienne, des Vascosan, des Gryphius, des Jodocus.

Vous avez Hérodote, Strabon, Tite-Live, Stobée, Martial, Claudien, avec des commentaires faits par de savans hommes, mais il est impossible, dans une aussi grande quantité d'ouvrages, de trouver moins de livres de base. Exceptez-en les dictionnaires de Bayle, de Moréry, trois exemplaires de l'encyclopédie, vous n'avez pas de dictionnaires. La médecine, la géographie, l'histoire, les voyages, les romans, les poëtes, les commentateurs sont presque nuls. On y cherche en vain des morceaux de littérature étrangère. Des livres de théologie chargent toutes vos tablettes. Je me suis convaincu pourtant qu'on trouverait quelques traités curieux, dans cet amas d'*in*-12 et d'*in*-8°., couverts en parchemin, placés sur les rangs élevés de votre bibliothèque, de ces ouvrages recherchés par les Alchimistes, les Démonographes etc.

Le livre le plus rare, le plus précieux qu'elle renferme est sans comparaison le Catolicon en trois langues [le breton, le français, le latin] fait par Auffret Quoatqueran, chanoine de Tréguier, imprimé par Calvez à Tréguier, 1499, *in*-4°., folio sans N°., caractères longs, gothiques, bien conservé, complet, papier épais, un peu gris. Il est couvert en bois, recouvert de parchemin.

Grégoire de Rostrenen cite des fragmens de cet ouvrage qu'il n'a pas vu complet. On sent combien il est important de conserver toutes les traces de la langue celtique, et de retrouver une multitude de mots qui ne sont plus en usage, ou que le caprice des temps, des idiomes et du hazard ont tellement défigurés qu'il est impossible de les reconnoître.

On a déposé à votre bibliothèque quelques chartes trouvées à Saint-Corentin[1]. Les plus anciennes sont du quatorzième siècle, quelques-unes d'entre-elles ont rapport aux fortifications de Quimper et de Concarneau.

Elles ne m'ont offert de remarquable :

1°. Que le sceau bien conservé sur cire rouge d'Artur, Duc de Bretaigne, Comte de Montfort et de Richemond, Seigneur de Partenay, Connétable de France. Il est assis sur un trône couvert de légers ornemens, de ces minces colonnes, de ces festons délicats de nos anciens vitraux, et de l'architecture gothique. Sa main droite est armée d'une épée courte. Au dessus de sa tête couronnée est un dome de l'espèce de ceux qui couvrent les saints sous les portails de nos vieilles églises. Artur est vêtu d'une longue tunique, d'un manteau agraffé sur l'épaule droite ; ses pieds posent sur un lion couché dont la crinière se frise en grosses boucles, un bouclier carré,

---

(1) Les Cartulaires du Chapitre de Quimper ont été envoyés à Paris, en 1797, et sont conservés à la Bibliothèque nationale sous les n°s 31, 51 et 56. La ville de Quimper en a obtenu une copie déposée à la Bibliothèque.

couvert d'hermines, est à sa gauche; des rameaux de lauriers sont épars sur le fond de cette gravure en relief, dont le travail n'est pas sans mérite; l'exergue et la légende sont illisibles. La date de la charte est de 1400.

2°. Une bulle du Pape Martin V de 1431; elle porte l'image de S^t. Pierre et de S^t. Paul sur un plomb de 15 lignes de diamètre et de deux lignes d'épaisseur. Les sauvages de la nouvelle Zélande donnent des formes plus élégantes, des proportions plus justes à leurs grossiers essais en sculpture, et leur dessein est plus correct; c'est le dernier degré de dégradation des arts. St. Pierre est à la gauche de St. Paul, ce qui n'est pas dans les bulles plus anciennes.

3°. Les têtes des deux apôtres sont nobles, ont du caractère, de la grandeur dans une autre bulle de Léon X. C'est le premier pas vers le beau. (Mêmes images, même matière.)

Je regrette qu'on ait enlevé le cachet (sub annullo piscatoris) d'une bulle d'Alexandre VI, datée de 1501. Elle eut servi d'intermédiaire aux deux morceaux dont je viens de parler.

A l'angle d'une des salles de la bibliothèque on a placé dans les armoires des instrumens de physique appartenans au collége de Quimper :

1°. Une machine pneumatique à deux corps de pompe et à crémaillère en cuivre, sa platine a 8 pouces de diamètre, elle est garnie de plusieurs récipients.

2º. Deux Hémisphères de Magdebourg en cuivre rouge, d'environ un pied et demi de diamètre.

Deux *idem* en cuivre jaune, très petits.

3º. Un Pistolet de Volta.

4º. Un Fusil à vent en bon état.

5º. Un Pyromètre en cuivre jaune, avec une lampe du même métal.

6º. Une machine électrique, à plateau de glace, de deux pieds de diamètre, garnie de sa batterie.

7º. Une autre Machine électrique, à cilindre de verre, aussi garnie de sa batterie.

8º. Un électrophore de vingt-un pouces de diamètre, avec plateau et conducteur.

9º. Un faisceau de dix barreaux aimantés, maintenus par trois coins de cuivre; chacun de ces barreaux a dix-huit pouces de long, six lignes d'épaisseur, neuf de large.

10º. Un œil artificiel, de six à sept pouces de diamètre.

11º. Un miroir conique, de métal, de trois pouces de diamètre, douze cartons.

12º. Un miroir cylindrique de métal, d'environ deux pouces et demi de diamètre, vingt-sept cartons.

13º. Une chambre obscure.

14º. Un Microscope avec montures et ornemens en cuivre, d'environ vingt-six pouces de hauteur, avec sa boîte de bois garnie d'étoffe, porte-objets et six lentilles.

15°. Un Télescope en cuivre, de trente-deux pouces de longueur, monté sur un pied de même métal, ayant mouvement horisontal et vertical à engrenages à vis, et deux équipages d'oculaires, fait par Navarre à Paris.

16°. Sphères de Ptolomée et de Copernic, globe céleste et terrestre, les quatre en cartons, et de huit à neuf pouces de diamètre.

17°. Petite Machine destinée à la démonstration des éclipses, composée d'une platine horizontale de cuivre, d'une roue dentelée, de même métal, s'ouvrant parallelement quelques lignes au-dessus, par le moyen d'un petit pignon aussi de cuivre, et donnant le mouvement à une ellipse de ce métal, et fixée perpendiculairement sur le même axe. Cet axe seconde, et à peu près traverse, à l'angle droit et par le centre, un cercle de carton divisé en signes et dégrés, situé entre la roue et l'ellipse; et plusieurs jeux, tableaux mouvans, optiques, lanterne magique, etc.

Ces objets, en assez bon état en général, sont loin de suffire aux cours de physique, qui seront professés dans les écoles nouvelles; le comité d'instruction les completera sans doute, quand les grands travaux dont il est sur-chargé le lui permettront.

J'ai visité les églises de votre arrondissement, qui dattent par leur ancienneté et qui pourroient renfermer des monumens relatifs aux arts, à l'architecture, à la peinture.

La Cathédrale de Quimper fut fondée dans les premiers jours du christianisme en Bretagne ; elle a si souvent été reconstruite, agrandie, que les traces de son ancienneté ne s'apperçoivent que dans quelques chapelles, des voutes, quelques distributions les plus éloignées de l'entrée principale[1]. Alexandre VI accorda pour l'achever, un jubilé en 1501. A cette époque on termina les deux grandes tours, dont Bertrand Rosmadec avoit jetté les fondemens en 1424.

Les monumens les plus anciens du Finistère (j'en excepte des ruines très curieuses des environs de Douarnénez) peuvent offrir des variétés dans les détails et dans la forme des ornemens, jamais dans la grosse maçonnerie. Ces monumens sont tous de la même matière, de larges quartiers de Granite. Le mortier qui les réunit est plus ou moins bien composé, la rareté des pierres calcaires en Bretagne n'a pas permis dans tous les tems d'employer dans les mortiers la perfection que nos ancêtres savaient leur donner ; la dureté, l'adhésion ne sont pas toujours la preuve de leur ancienneté, l'examen de Rustefan près Pont-Aven le démontrerait[2]; les parties les plus vieilles de cet antique Château ne sont pas celles où le mortier s'est le moins décomposé. Ici vous n'avez pas pour vous guider, comme en Italie, l'époque de certains genres

---

(1) La Cathédrale actuelle a été fondée par l'Évêque Raynaud (1219-1245).
(2) En ce moment même (juin 1887), le château de Rustefan tombe sous la pioche des démolisseurs.

de bâtisses. Là vous ne pouvez confondre les travaux gigantesques des Etrusques, la majesté des premiers Acqueducs de Rome, avec les travaux solides, mais moins grands, des jours qui précédérent les Empereurs. Les temples, les palais des Cæsars frappent par l'accord des proportions, par la richesse des ornemens, par la perfection de la sculpture. Les briques, l'opus reticulatum, le travertino, etc. indiquent avec certitude, le siècle, le demi siècle des différentes constructions. En parcourant la vaste enceinte des murs de Rome, le voyageur instruit lit à chaque pas le temps des réparations diverses. Les mêmes secours, je le répète, n'existent pas dans la Bretagne, où le métier d'antiquaire est infiniment plus difficile que dans le reste de l'Europe.

Le portail de St. Corentin, Cathédrale de Quimper, est formé de deux énormes tours surmontées de tourelles en forme de clochers, qui n'ont jamais été finies. Il serait à souhaiter qu'on rasât ces tourelles, qu'on fit disparoître un toit pointu couvert de plomb de l'effet le plus désagréable, le plus choquant aux yeux des amateurs de l'architecture et de la régularité qu'elle exige[1]. Ces deux masses imposantes sont réunies par un portique, orné d'anges et de fleurons en granite moins respectés par le temps, plus dégradés que des

---

[1] On a fait beaucoup mieux : notre siècle a eu l'honneur de couronner les tours de flêches à jour. Ce travail, presque terminé sous l'épiscopat de Mgr Gravenan (entre 1854 et 1856), est l'œuvre de M. Bigot, architecte diocésain.

pierres de même nature, plus exposées aux intempéries des saisons. Le Kersanton seul conserve sa dureté, sa beauté, la pureté de ses arrêtes sans que rien puisse l'altérer. Il est inutile d'observer que les statues, les ornemens, les gargouilles échappés aux ravages du vandalisme sont médiocres; ce qu'on a détruit manque pourtant à la façade, on le desire, ne fût-ce que pour remplir les vuides qui rappellent de douloureux souvenirs.

L'intérieur de cette vaste église offre une bizarerie dont la cause est ignorée; la partie qui contient le cœur et l'autel ne suit pas la direction de la première partie, elle dévie d'une quinzaine de pieds vers le nord. On croit qu'un de ces rapports bizarres que nos bons pères ont saisis quelquefois, qui produisirent les rêveries mystiques, les acrostiches, les idées superstitieuses, une foule de miracles risibles, a produit cette singularité. L'évangile dit : *Et inclinato capite emisit spiritum.*

On a voulu représenter, dit-on, l'air incliné du fils de Dieu sur la croix. Adoptez ou rejettez cette explication, mais elle a quelque vraisemblance [1].

---

[1] M. LE MEN (*Monographie de la cathédrale de Quimper*), explique tout autrement cette déviation plus marquée à Saint-Corentin que partout ailleurs.

L'Évêque Raynaud, dit-il en résumé, se proposait de rebâtir le chœur de l'église, en le rattachant à la chapelle Notre-Dame, devenue chapelle absidale; mais il conservait la nef, dont l'axe n'était pas le même que celui de cette chapelle. Deux siècles plus tard, Bertrand de Rosmadec se mit à rebâtir la nef. Mais il avait auparavant réédifié le *manoir épiscopal* dans l'espace restreint compris entre la cathédrale et le mur de ville; et le mur nord du manoir était commun avec celui de l'église vers le bas de la nef. L'Évêque dut donc rebâtir la nef sur ses anciennes fondations. De là cette déviation si prononcée à partir du chœur.

On a détruit les tombes de Kersanton des anciens évêques de Quimper, leurs effigies rompues, renversées, languissent sous le portail principal. La vieille statue équestre du roi Gralon, se distingue à peine au milieu de ce tas de débris.

On a brûlé de très-bonnes copies, la descente du St. Esprit d'après Lebrun, le Purgatoire d'après Rubens. La statue bien sculptée de la Vierge de la chandeleur, des vitraux dont les débris laissent encore appercevoir des formes gratieuses, des costumes intéressans, d'ingénieuses productions de la naïveté de l'imagination de nos pères. Des stalles sur-tout, chef-d'œuvre de travail et d'originalité, ont été mises en pièces.

On a percé, lacéré l'assomption de Leloir, dont le lointain, le paysage et les couleurs plaisent à l'œil [1].

On n'a laissé subsister de la chaire de cette église, que ce qu'il faut pour attester la barbarie de ceux qui l'ont détruite : elle représentait différents actes de la vie de St. Corentin, sculptés à la vérité avec plus de recherche que de dessein, que de finesse, mais riche d'ornemens et de travail ; elle étoit surmontée d'une renommée que je n'ai pu voir, mais dont on vantait l'élégance et la légèreté.

Le grand autel d'un marbre noir, veiné de jaune, n'a pas été rompu.

---

(1) L'*Assomption* de Nicolas Loir (mort en 1679) a été restaurée et se voit aujourd'hui dans la chapelle des Dames Ursulines.

Une ouverture à voute surbaissée, quarrée, garnie de bareaux de fer, rapelle l'ancien usage pratiqué dans les temps primitifs ; on y débitait le pain du chapitre aux chanoines présents aux offices. Elle a trois pieds de large, sur trois pieds d'élévation.

Il serait à souhaiter qu'on put conserver des peintures à fresque, qu'en déplaçant un vieux tableau, l'on a trouvées dans la chapelle de St. Corentin d'en haut ; elles représentent deux mères tendres offrant à l'autel leurs enfans. Les costumes, les coiffures, la simplicité du travail annoncent la plus grande ancienneté [1].

Dans la chapelle de la Victoire, derrière des boiseries conservées, on voit avec difficulté la tombe de tuffeau, d'un Evêque sculpté dans ses habits pontificaux. On sait qu'en face, la même boiserie cache deux autres tombes qu'il serait curieux de découvrir peut-être. L'autel de cette chapelle, d'un seul morceau de Granite, d'onze pieds de longueur, de quatre pieds six pouces de large, et de huit pouces d'épaisseur, date de l'an 1100 ; c'est sur elle qu'on célébrait jadis le triple sacrifice dont parle le manuscrit de l'histoire des guerres de la Ligue dans le Comté de Cornouaille [2]. L'Evêque, deux Dignitaires, deux anciens Chanoines consacroient chacun une hostie, [le Jeudi saint], fai-

---

(1) Aujourd'hui chapelle Saint-Paul. Les peintures à fresque dont parle Cambry ont disparu, remplacées par d'autres.

(2) Cambry nous renvoie à l'histoire de la *Ligue en Bretagne* du chanoine MOREAU, imprimée pour la première fois en 1836. Moreau dit que la triple messe se disait au *grand autel* dans le chœur (P. 20).

saient l'élévation ensemble; ils prononçaient ensemble les paroles sacramentales, etc. Cet usage ne fut détruit qu'en 1585, par Messire Charles Duliscoët, à son retour de Rome, où probablement cet usage unique dans la chrétienté fut condamné.

Je ne peux m'empêcher de transcrire un passage du manuscrit que je viens de citer; il a trait aux monumens, à l'église dont je vous entretiens. Magance mourut au siège de Douarnenez, dans les dernières années du seizième siècle; il attaquait ce célèbre brigand Guy ou Guyon Eder, juveigneur de la maison de Beaumanoir, surnommé Fontenelle qui couvrit de sang, de cendres et de débris, la surface de la Bretagne[1].

» Ce capitaine fut fort regretté des siens, et à la vé-
» rité étoit regrétable pour sa valeur, honêteté, mo-
» destie; aussi lui fit-on à Quimper, obsèques fort
» honorables, mémoratif de son assistance à cette
» ville contre Fontenelle; son corps y étant rendu, le
» clergé où était l'évêque, alla en bel ordre le rece-
» voir jusqu'à la porte Médard, et rendu à St. Co-
» rentin, après lui avoir fait un solemnel service, fut
» inhumé en une vieille tumbe enlevée d'évêques,
» sous la voute, en la chapelle de la trinité, en haut

---

[1] Voir le récit de MOREAU, p. 321 et suiv.

L'imprimé porte, plus loin, « en une vieille tombe d'évêque élevée sous la voûte. » C'est la bonne lecture : *tombe enlevée d'évêques* n'a pas de sens.

On peut voir au *Musée d'archéologie* la table de la tombe de Gatien de Monceaux.

» de l'église, vis-à-vis de la tumbe de Gracian de Mon-
» ceaux, du côté de l'évangile. Ladite tumbe est fort
» antique, portant date de 1200. Etant ouverte elle
» étoit par dedans comme toute neuve et fraiche
» comme si elle étoit faite depuis huit jours, et ny
» avoit aucun ossement ni cendres par dedans; si
» l'on vient ci-après à ouvrir ladite tumbe, et trou-
» vant des ossemens que l'on prins pour reliques
» d'évêque, on se trompera beaucoup, car ils seront
» de capitaine Gascon, et n'y en a point d'autres; ce
» que je puis dire, pour avoir vu ouvrir la tumbe,
» lors dudit enterrement. »

On ne peut envisager ces vastes débris de l'immense cathédrale de Quimper, sans gémir sur son état de délabrement.

Ce fut le 12 Décembre, an deuxième de la république française, qu'aux yeux d'un peuple pieux, doux et tranquile, des hommes excités par un nouveau genre de fanatisme, secondés de soldats égarés, osèrent profaner, brûler, pulvériser tous les objets de la religion, de l'adoration de leurs pères. Ils souillèrent les vases sacrés, déchirèrent les tableaux, brisèrent les vitraux éclatans des plus vives couleurs. Ces monumens de l'art de nos ayeux, ces costumes qui servent à fixer les époques de l'histoire, ces médailles du temps passé, disparurent dans un moment. Le fils respectueux vit rouler à ses pieds la tête de son père arrachée du tombeau ; les ossemens de celle qui lui donna le jour, insultés, voloient dans les airs. Les cendres du bienfaiteur de sa patrie, du guerrier qui la défendit en mourant, de l'homme lettré qui l'éclaira, du protecteur de l'orphelin, furent foulées aux pieds par des hommes féroces qui menaçaient de leurs canons, qui blessoient de leurs hurlemens, une multitude soumise et douce qui respectoit jusqu'aux tables ensanglantées d'un fantôme de loi[1].

Puissent ne jamais reparoître les anciennes livrées de l'orgueil et de la noblesse, ces devises, ces emblêmes injurieux qui ramenoient aux idées d'esclavage ; mais ces doux monumens de piété, de respect filial, ces obélisques funéraires, ces traits chéris que l'art consacre à la postérité, sur le marbre ou par la peinture, les inscriptions sentimentales, souvenirs d'amour ou d'amitié, que dans les bois silencieux ou sous des voûtes religieuses, tous les peuples ont adorés, quels êtres ont pu les détruire? Ils l'ont fait cependant avec un sourire satanique, et la surface entière de la France ne nous offre que des ruines. Ah ! recueillons au moins les restes des victimes, des justes immolés par le couteau révolutionnaire ; que la mère verse des larmes, que la vierge jette des fleurs, que le philosophe médite sur ce lugubre monument ; pleurons nos fils, nos

---

[1] Lire le récit plus simple mais plus circonstancié fait par M. Le Guillou Penanros, juge à Brest, dans l'*Administration* du département du Finistère, de 1790 à 1794 (p. 374).

frères, nos amis et ces dignes législateurs qui disparurent avec l'honneur, l'humanité, les arts ; ils n'assisteront pas au réveil des vertus, ils ont vu les horreurs du crime.

Le Gueodet ou notre Dame de la Cité.

L'église du Gueodet passe pour le plus ancien temple de Quimper[1]. Quatre piliers la séparent en deux parties ; l'une d'elles ne date que d'une époque rapprochée, elle n'a pas 300 ans d'existence ; l'autre est de la plus haute antiquité, quoique refaite, rebâtie quelquefois, en 1371 entr'autres, comme une charte sur parchemin, déposée à la bibliothèque du district, me le démontre.

Tout annonce la vétusté de cette seconde partie. Le jubé de bois de chêne me paroît plus ancien que le plafond de St-Louis à Fontainebleau ; des poutres qu'on n'apperçoit pas, le supportent ; il est orné d'arcades, de ceintres pleins, de pendentifs, de statuettes dont le travail est curieux par ses recherches et sa bisarerie. La principale boiserie du jubé est formée de débris rassemblés, réunis pour remplir les vuides de la vétusté. On y remarque entr'autres un buste aussi grossièrement exé-

(1) Il faut mettre tout ce qui suit au *passé*. En 1816, la municipalité de Quimper ayant besoin de quelques pierres pour réparer la chapelle du collège et en trouvant partout, vint en prendre dans les murs de la chapelle du Guéodet (Arch. de l'Évêché). La ruine, puis la démolition suivirent. Il ne reste rien des vitraux, et les boiseries sculptées ont servi de bois de chauffage !

cuté que les monumens du dixième siècle; les cheveux roulés du chevalier qu'il représente, ceignent son front, comme la couronne d'un cordelier; il est sans oreilles; une espèce de griffon paroît servir de support au cadre qui l'enferme; deux anges portant un écusson, ne sont certainement pas de la même époque, quoique, depuis des siècles, ils soient placés au milieu de la balustrade.

J'ai remarqué dans cette église deux poutres sculptées, que des têtes de dragons soutiennent. Elles portaient autrefois une roue de quatre pieds de diamêtre, couverte de clochettes qu'on agitait à certaines époques. Ces clochettes, comme celles qui pendaient aux habits du grand sacrificateur des juifs, comme l'airain de Dodone, comme l'épée d'Énée dans les enfers, rappellent les temps reculés où l'on pensait que l'ébranlement de l'air éloignait, blessait les démons vêtus de vapeurs aériennes.

La plus ancienne Vierge du Gueodet est noire comme la Vierge de Chartres, comme celles de l'Italie, comme l'Isis des Égyptiens.

Le cœur de chaque partie de cette église est séparée par une boiserie incorruptible, monument de patience et de singularité.

La plus ancienne de ces boiseries est travaillée à jour; c'est un amas de colonnes et d'ornemens légers, dans la forme des arabesques; de petits clochers, de dômes légers, de pendentifs représentans des anges ou des hommes occupés des plus sales fonctions de l'infirmité humaine. Elle a pour ornement des frises ou des traverses, des têtes de lion, la tête de Méduse, un grand ogre couché, toutes les bambochades du gothique le plus reculé.

L'autre, avec plus de régularité, une apparence de proportions, de sculpture bien plus réglée, offre de risibles contrastes. Sur le piédestal de colonnes cannelées, d'ordre corinthien mal indiqué, sur la balustrade inférieure, sur des bas reliefs exaucés, on voit Hercule étouffant Antée, Hercule tuant l'Hydre de Lerne, Samson renversant les colonnes du temple qui l'écrasa, un Jupiter tenant la foudre, l'adoration des Rois, des Satyres, des danses; St. Michel écrasant le mauvais ange, et Léda indécemment caressée par un Cygne. On peut pardonner ce dernier écart au Gaulois qui l'exécuta, le même sujet est, en bronze, sur la porte de St. Pierre de Rome.

C'est ainsi que, sur le portail de Rheims, la Sodomie étoit représentée par quarante statues, dans la plus infâme attitude.

C'est ainsi que, sur le portail de St. Nicaise, dans la même ville, l'onanisme étoit indiqué d'une manière extravagante. Un diable ailé tient les mains d'une femme coupable, l'entraîne; un diablotin désigne la partie coupable, dans la position d'Hans-carvel.

C'est ainsi que, sur les bas reliefs de St. Lucien de Beauvais, les folies de la tentation de Leclerc sont toutes exécutées. L'artiste n'a fait que les copier. Ici le diable nu siège sur le nez de St. Antoine; ailleurs le saint, à quatre pattes, sert de monture à Lucifer; là, sous la forme de Proserpine, molement étendu sur un lit de repos, Satan offre ses charmes au saint qui les dédaigne.

C'est ainsi qu'à St. Denis, Abraham, le père des croyans, couché sur le dos, lance une liqueur féconde qui procrée deux enfans; de ces enfans, des jets de la même rosée produisent des hommes qui, par le même procédé, donne la vie à ces millions d'individus dont, suivant la fable des juifs, tous les mortels sont descendus.

L'amateur de l'antiquité moderne (si j'ose ainsi parler), à trois époques à considérer, quand il étudie des ruines en France. Celle où les idées druidiques se mêlèrent aux idées du paganisme; la réunion des idées du paganisme et de celles du catholicisme; enfin les caprices qui suivirent les premiers siècles de l'ère vulgaire.

Mais j'oublie que je fais un catalogue, et je reviens à mon sujet.

Les meilleurs vitraux de Quimper, sont ceux du Gueodet. Le hazard les a mieux conservés que ceux de la Cathédrale et que ceux du Pinity[1]. Dans la prodigieuse quantité de personnages entassés au-des-

---

[1] Pinity ou mieux Penity, suivant l'étymologie la plus plausible qui serait *peden* (prière) et *ty* (maison), lieu de prière, oratoire, ermitage. Il sera question de cette chapelle un peu plus loin.

sus du maître autel de la partie la moins ancienne de cette église, outre le brillant des couleurs, on doit admirer des airs de têtes, des groupes, des attitudes du meilleur style. Qu'on examine la pause de la Vierge qui s'évanouit, une femme du peuple tournant la tête, qu'un homme de goût ne peut manquer de remarquer, etc., etc.

Le morceau le plus complet de ces vitraux, forme un tableau, une composition régulière, pleine d'expression, de vérité, de simplicité. C'est l'adoration des bergers. L'enfant vient de naître; un cercle d'anges au fond du tableau, admire, adore en silence, dans une attitude respectueuse. Joseph, la Vierge sont à genoux; les bergers se prosternent. A l'époque où furent exécutés ces ouvrages, nous avions peu d'artistes en France, en état d'en égaler le mérite; aucun n'eut pu surpasser leurs couleurs. Ils sont de 1503. Je suis frappé de l'élégance, de la légèreté des ornemens d'architecture, prodigués dans ces vastes cadres. On y voit des voûtes surbaissées, des fleuron, des volutes, des éguilles du meilleur genre; j'y remarquai sur-tout quelques vases épars, d'une forme aussi belle, aussi parfaite que celle des plus beaux vases de l'Étrurie. Le mérite de ces riches décorations est augmenté par la noble simplicité des couleurs qui les forment. Leur masse est un fond blanc, relevé par de brillans et légers filets d'or, indiquant toutes les arrêtes. La mort de la Vierge est du même maître et du même mérite.

Après une peste[1], les habitans de Quimper firent vœu de consacrer tous les ans à la Vierge du Gueodet, une bougie assez longue pour entourer les murs de la ville. Elle devoit brûler sans cesse ; Quimper étoit submergé, si ce feu sacré s'éteignoit. On voit dans un angle du sanctuaire, l'énorme lanterne où l'on déposoit la bougie. Elle s'est éteinte depuis la révolution.

L'intérieur du vieux portail, ces masques, ces roses, les gargouilles de la façade, sont d'une grande ancienneté.

Le Pinity.

Au milieu de la promenade, plantée dans le prolongement du champ-de-bataille, on trouve une chapelle nommée le Pinity[2]. Ses vitraux n'ont pas la perfection de ceux du Gueodet. Ils n'ont pas moins d'éclat, de richesse et d'élégance ; les ornemens, espèces de filigranes, caprices d'architecture, arabesques légers, sont aussi d'un fond blanc relevé d'or. La vie de la vierge fait le sujet des divers tableaux qu'on y voit. Je remarquai sur-tout la vérité, le dessein, le caractère de la

---

(1) En 1412.
(2) La chapelle du Penity, de style ogival, était en forme de croix, et une de ses ailes faisait saillie sur la voie de Quimper à Locmaria. En 1776, un *homme de goût* proposa la suppression de cette aile. En 1810, on a fait mieux, car on a détruit toute la chapelle, et on a tracé la route en ligne droite. Voilà ce qu'on appelle embellir une ville ! L'*Ecce homo*, d'un beau travail, datait de 1681. On ne sait ce qu'il est devenu. Les vitraux ont été *mis en pièces*, comme ceux de Notre-Dame du Gueodet.

tête d'un homme de moyen âge, qui parle au grand prêtre des Juifs sortant du temple. Ce précieux morceau doit être conservé. Le bleu, le pourpre de ces vitraux, sont admirables.

Sous une voute dont on a condamné les ouvertures, où l'on dépose des poudres, des cartouches, on voit un *Ecce-homo* de six pieds, accompagné de deux bourreaux et de deux pages. Dans les niches latérales, on a placé deux prêtres Juifs. Ces statues, en bois peint et doré, plus proportionnées, moins barbares, moins courtes que les autres statues des églises bretonnes, devoient en imposer aux bons habitans des campagnes.

Les écoliers auxquels on avoit persuadé qu'un des bourreaux de J.-C. étoit Judas, l'insultaient, le couvraient de boue, lui jetaient des pierres, tous les jours de composition. Celui qui parvenait à le frapper, se croyait sûr d'être empereur. Ainsi Jean-Jacques, en jetant une pierre contre un arbre, se promit, s'il le frapoit, de se décider pour tel parti dans une affaire qui l'intriguait. Ainsi [un Sforce je crois], jeune laboureur, se fit soldat après un tel essai, devint général, monta sur le thrône. Tels étaient les sorts virgiliens, homériques, évangéliques; l'homme orgueilleux, vain de sa raison, à chaque pas en connoît la faiblesse, abandonne son sort à l'aveugle destin. Nous faisons tous les philosophes et nous sommes tous des enfans.

Les Cordeliers [1].

L'église des Cordeliers où l'on fabrique a présent du salpêtre, est formée de deux nefs séparées par sept gros pilliers de Granite; la plus grande de ces nefs a trente pieds de large; des poutres d'une seule pièce, saines, bien conservées en supportent la charpente. Quelle nudité, quelles dévastations! Tout est pavé de tombes renversées, brisées, retournées ; je vis au bas de la porte principale, une tombe de Tuffeau de sept pieds de long, large de quatre, épaisse de neuf pouces; sous sa corniche règne une guirlande travaillée avec délicatesse et d'un bon style.

Une superbe pierre de Kersanton, datée de 1597, dont les arrêtés sont d'une pûreté remarquable, a sept pieds de long, trois pieds quatre pouces de large, et huit à neuf pouces d'épaisseur ; elle est conservée dans la cour du couvent.

On a brisé les images de deux chevaliers sculptés

---

(1) L'église des Cordeliers, fondée en 1232, avait été saccagée le 12 décembre 1793, le même jour que saint Corentin. En 1845, avec le cloître contigu, son contemporain, elle a été démolie pour faire place à une halle. — Cela n'empêche pas M. Maltebrun d'écrire dans sa dernière édition (1879) que l'église sert aujourd'hui d'atelier à un sabotier.

Sur le couvent de Saint-François on peut voir : Notice écrite par M. de Blois au temps de la démolition. — Notice de Jean Beaujouan, procureur du Roi à Quimper (mort en 1640), publiée par la Société Archéologique du Finistère (1885). — Étude sur les nécrologes du couvent de Saint-François, publiée par la même Société (1884). — Derniers débris du couvent des Cordeliers (1887).

sur deux autres tombeaux, dont les armures différentes offrent des variétés qu'il seroit bon de conserver par la gravure au moins.

La plus curieuse de ces pierres tombales me paroît être du douze ou treizième siècle, j'en juge par la simplicité du travail, par le costume et l'attitude ; la pierre de granite, est mangée par le temps. L'homme et la femme, les mains jointes sur la poitrine, dorment sur de petits oreillers sans franges, sans ornemens ; tous deux ont les cheveux coupés en rond, la tête nue; la femme porte une longue tunique sans plis jusqu'à la ceinture, elle descend jusque sur les pieds qu'elle enveloppe. On ne peut décider si l'homme est nud, ses pieds posent sur un chien ; un ceinturon indique un chevalier, il est placé fort bas par pudeur[1].

Au milieu de la cour où ces sculptures sont déposées, il existait une croix curieuse dont on voit encor les débris. Le bloc qui supportait l'arbre est d'un seul morceau, il a trois pieds carrés, ses quatre faces sont couvertes de bas-reliefs. La face principale offre l'image de J.-C. couché sur les genoux de sa mère, une des maries supporte la tête de son maître; la Magdelaine tient un vase de parfums ; le corps de J.-C. a quatre pieds de développement, son attitude est simple et bonne. Ce tableau en général a plus de

---

(1) Le couvent était une sorte de nécropole. Une douzaine de tombes seulement sauvées de la destruction se voient dans la cour du Musée d'archéologie.

dessein, de mouvement, de proportions que les mille et mille morceaux de ce genre qu'on trouve par-tout en Bretagne. Sur la face opposée, le sculpteur a représenté l'adoration des rois; le troisième bas-relief présente un homme à genoux, tenant les clous de la passion; le quatrième, un vieillard à genoux, vêtu d'un large pantalon, d'une courte tunique, couvert du bardocuculus, c'est le costume de nos pères; il tient en main la couronne d'épine.

Sans doute on ne comparera pas cet ouvrage aux chefs-d'œuvres de l'antiquité, mais pour travailler une matière aussi dure que ce granite chargé de quartz, pour donner un relief d'un pied à ses figures, pour placer un sujet à quatre personnages dans un espace de trois pieds, pour mettre quelque expression dans les têtes, du mouvement dans les draperies, de la souplesse dans les attitudes, il fallait un talent qu'on ne soupçonnerait pas aux anciens artistes de la Bretagne. Une histoire de l'art dans un pays voisin de la France, mais toujours séparé d'elle par la politique des rois et des parlemens, offrirait des détails, des observations plus curieuses qu'on ne l'imagine. (J'en ai la certitude.)

L'arbre inséré dans ce bloc, d'un seul morceau, avait douze pieds de hauteur; il était surmonté d'une espèce de meule de la même matière; elle a quatre pieds de diamètre, sept pouces d'épaisseur, les Saints et J.-C. en croix, étaient posés sur cette base.

Loc-Maria.

L'église de Loc-Maria ne date que par son ancienneté, elle faisait partie jadis d'une ville dont l'existence n'est conservée que dans le souvenir, par quelques chartes, par le nom des rues qui n'existent plus, et par quelques maisons éparses sur le rivage de l'Odet[1].

« Le nouvel Evêque de Quimper, dit Don Morice,
» allait coucher la veille de son entrée au prieuré de
» Loc-Maria. Pour accueil, la Prieure s'emparait de
» son manteau, de ses gants, de son bonnet, de sa
» bourse, et lui donnait seulement un lit. Le Sire de
» Guengat lui aidait à descendre de cheval et lui
» ôtait ses bottes, pour ce service il avait le cheval et
» les bottes. Le seigneur du Vieux-Chatel présentait
» au Prélat un bâton blanc, et le Prélat lui donnait
» son manteau. Revêtu de ses habits pontificaux, le
» Prélat se mettait dans une chaire qui était portée
» par le Vicomte du Faou, par les Seigneurs de Nevet,
» de Plœuc et de Guengat, etc. »

La Prieure avait la croix d'or, sa place était recherchée; la fortune du couvent n'était que de cinq à huit mille livres de rente, on en dépensait la moitié

[1] Le faubourg de Locmaria est bâti sur le site de l'ancienne *Civitas Aquilonia*. — Le monastère fondé vers 1030, par Alain Canhiart, comte de Cornouaille, devint plus tard un prieuré de Saint-Sulpice de Rennes. — L'église a été récemment réparée.

pour soutenir les droits honorifiques de la maison. Les papiers de ce prieuré sont des liasses de procès [1].

Saint Mathieu.

Cette église paroissiale conserve encore de beaux vitraux. On y remarque deux arcades très-hardies.

Le Muséum.

Le peintre Valentin dont on connaît et le mérite et les talens, vit à Quimper dans sa famille. L'impossibilité de développer ses moyens, d'exécuter ses conceptions, dans une ville sans fortune et sans enthousiasme pour les arts, tourne au profit de ses élèves, qui n'auraient pas ailleurs un maître de sa force.

Il fit de vains efforts, le 12 Septembre [2], pour arracher aux flammes les morceaux curieux qui furent sacrifiés. En voyageant dans les campagnes de son District, il réunit quelques tableaux déposés à la

---

(1) Exagération. Les Archives du Finistère gardent dans huit cartons des titres de Locmaria (G 313 à 320) et ce dépôt renferme nombre de pièces autres que des procédures. V. aussi H 215, 216, 218.

(2) L'auteur a voulu dire 12 décembre 1793, jour du sac de saint Corentin. — Les statues de bois, les tableaux des églises de la ville furent solennellement brûlés sur le champ de bataille, aux pieds de la Déesse de la Liberté.

Le Comité *révolutionnaire* constate le fait sous le titre de *brulis des pagode prétendues sacrées*.

maison Duhaffond, c'est le lieu qu'il destine aux écoles publiques de dessein.

Ces tableaux ne sont pas d'un grand prix. Loin de servir à guider la jeunesse, ils ne peuvent donner que de mauvais principes, gâter le goût et l'égarer.

C'est un ange gardien d'après Corneille par l'Hermité ; je crois utile d'éclairer le comité d'instruction publique sur ce peintre dont il paraît occupé. J'ai vu dans ma tournée quelques morceaux de ce maître, à Quimper sur-tout. C'est un copiste sans talent, sans dessein, sans couleur. Le meilleur morceau de sa main est un dessus de cheminée (Benoit XIV). Il n'a d'autre mérite que celui de couvrir un vaste espace, de remplacer une large boiserie [on aime à charger ses tablettes en voyageant]. Croyez-moi, les éloges qu'on lui donne n'ont d'autres fondemens qu'un zèle mal éclairé, que, peut-être, l'éclat de couleurs grossières, tranchantes et sans accord, dont tous ses tableaux sont chargés.

Le Muséum de Quimper a de plus un tableau original de Jeaurat. Un ange dans une position fausse, sans aplomb, à genoux, offre à la Vierge un cœur qu'il a choisi dans une corbeille chargée de cœurs. La Vierge, vêtue de blanc, à tête maigre, mesquine et maniérée, pose sur un serpent qu'elle écrase. Cet ouvrage est sans dessein, sans mérite.

Valentin a bien déposé dans le même lieu deux tableaux de sa main, deux assomptions. Une des têtes de Vierge est jolie, l'autre a de l'expression ; mais ces morceaux faits à la hâte, ces esquisses qui tombent de la main d'un peintre, quand il ne travaille ni pour sa réputation ni pour sa fortune, ne peuvent servir de modèles. Valentin n'a pas ici les ouvrages qui font sa réputation.

La descente de croix de douze pieds de haut, de huit pieds de large, transportée des minimes de Paul-Léon à Quimper, est un chef-d'œuvre de couleur. Mais le dessein et la composition de ce morceau majeur, ne répondent point à la beauté du coloris ; il offre des parties admirables ; la tête et les mains de St. François de Paul sont dignes de Vandeick ; le corps et la tête de Jésus-Christ sont du premier mérite, les draperies d'une belle disposition. En général, il est d'un grand effet, et s'il était placé comme il devrait l'être, dans un lieu très-élevé, bien éclairé, il attirerait l'œil comme les tableaux de Rubens, comme ceux de l'école flamande, dans quelque galerie qu'il fut placé [1].

On conclura, d'après ces descriptions, d'après ces observations, que, si l'on veut avoir un Muséum dans le chef-lieu du département du Finistère, il faut y rassembler tous les tableaux que j'ai trouvés dans les districts de son arrondissement, et faire passer dans cette commune quelques compositions des grands maîtres,

---

(1) Ce tableau sauvé et restauré par Valentin a été longtemps dans la cathédrale, où il avait beaucoup à souffrir de l'humidité. Il y a quelques années, le Chapitre l'a donné au Musée de Quimper.

pour former le goût, diriger l'imagination, régler la main d'une multitude de jeunes gens, dont la plus grande partie annonce des dispositions pour le dessein, pour la peinture.

Le Temple des Faux Dieux.

C'était un temple de Druides qui n'avaient d'autres temples que l'air, les bois et la voûte du ciel[1].

C'était celui de Jupiter Ammon, celui d'Isis, peut-être une église de Templiers (cette dernière conjecture me paraît la plus vraisemblable).

C'était certainement la demeure d'hommes puissans dans un siècle très reculé.

Deux tourelles régulières, mais petites, accompagnent la porte à triple cintre, plein, aigu, sur-baissé. Les chapitaux sans ordre sont couverts d'ornemens, de fleurons, de têtes barbues, d'un style extraordinaire.

La large table de granite, qui forme le manteau de la cheminée du salon principal, n'offre pour ornement qu'une tête isolée, à longue barbe, à larges moustaches, pleine de force et de caractère. Cette tête est couronnée d'un cercle orné de fleurs de lis. S'il était permis de hazarder une conjecture, elle serait celle de Philippe Auguste.

[1] *Temple des Faux Dieux* est le nom vulgaire de l'ancien manoir de Prat-an-roux. — Les pans de murs que l'on a souvent pris pour les restes d'une église étaient les restes du manoir bâti vers le milieu du xve siècle. — V. *Promenades à Pratanroux*, Bull. *de la Société arch.* (1887).

La cheminée s'élève jusqu'au sommet de la maison, il faudrait la dessiner pour en donner l'idée. Les montans sont grotesquement travaillés et ne ressemblent à rien de ce que j'ai vu dans les plus anciennes ruines. La cheminée d'une salle adossée à celle-ci, s'y joint; une lanterne octogone en réunissait les fumées, elles s'échappaient par des jours pratiqués avec intelligence. Fenêtres, batisse, souterrains, la grandeur des pièces, le peu d'ordre dans les communications, d'énormes troncs de lierre, dont les rameaux dominent tous les angles et toutes les surfaces, moins de richesse et de profusion d'ornemens que dans les derniers siècles, attestent l'ancienneté de ces vastes ruines. Que de détails pour un paysagiste!

Près du château l'on voit une espèce de terrasse dégradée; c'est là sans doute qu'on se formait à la lutte, à la course, aux jeux de bague, à tous les exercices de la chevalerie.

J'ai peu vu, dans la Suisse, sur les bords de la Loire, dans le Tirol, dans la Souabe, de plus pitoresque monument du moyen âge. Prévenu contre les exagérations, j'y fus saisi d'un frisson religieux, qu'augmentait un site sauvage, silencieux, entouré de taillis, coupé de ruisseaux, jadis couronné de forêts dont les troncs dépouillés attestent l'antique existence.

Le Temple des Faux Dieux est à une demi-lieue de Quimper, dans la commune de Penhars.

Concarneau.

Ce que je pourrais vous dire de Concarneau tient plus à l'histoire, à la police, au gouvernement qu'aux arts.

Je ne vous parlerai que de ses Fortifications, de son Château, de sa Citerne.

Quelques parties des fortifications sont très-anciennes, je les crois élevées par l'architecte du vieux château de Rustephan [1].

La citerne a 20 pieds de large, un pilier s'évasant en forme de cône lui sert de voûte; rien de sonore, de retentissant comme cette voûte, on la croit du sixième siècle.

Un des bastions de Concarneau est, dit-on, bâti par la reine Anne.

Même architecture, même maçonnerie, pas la moindre variété.

On y remarque, comme dans tout le Finistère, ce mastic inattaquable qui conserve toutes les constructions du pays. On le compose de granite pilé, tamisé, mêlé de chaux très-vive et chaude, à laquelle on mêlait quelquefois des blancs d'œufs. Cette composition,

---

(1) Le château de Rustéphan était de la fin du XVe siècle. (V. ci-dessus p. 14, note 2.)

Le texte rapporte la fondation de la *citerne* au VIe siècle : faute d'impression évidente. D'après l'opinion commune, la citerne est contemporaine du bastion bâti par la reine Anne (vers 1500).

aussi durable que la Pouzzolane, est telle qu'au bas de l'ancienne machine à mâter de Brest, des quartiers de granite, baignés par la mer, avaient été mangés et que le mastic qui les unissait se conservait en grands quarrés indestructibles, en forme de larges réseaux.

Pont-Labbé.

Cette commune a fait parvenir quelques mauvais tableaux au district. Dans la chapelle de Croisiou, commune de Loc-Tudy, on vantait un tableau du rosaire, lacéré par des soldats.

Le vieux château de Pont-Labbé, bien bâti, est garni de deux fortes tourelles, une d'elles est en ruines.

Les cuisines et les pièces intérieures de ce bâtiment offrent des voûtes très-hardies [1].

Aucun monument ancien ne se remarque dans les environs de Pont-Labbé. J'en excepte les pierres druidiques, et les pierres consacrées jadis au soleil, nommées en celtique *ar men-ir*; c'est l'*ir-men-sul* des Saxons.

La pointe de Penmarc'h est couverte de ruines; c'est un des plus grands débris que je connaisse; je n'ai pas vu dans la quantité de bâtimens que j'ai soi-

---

[1] Il est surprenant que Cambry omette de mentionner l'ancien couvent des Carmes, avec son admirable cloître, construit par Bertrand de Rosmadec au XVe siècle et récemment démoli, — et l'église du couvent devenue l'église paroissiale de Pont-Labbé.

gneusement examinés, un édifice qui paraisse avoir quatre cents ans d'existence. Les Armoricains qui partout voient des ruines de la ville d'Is, s'imaginent la retrouver à Penmarch; sans doute une multitude de constructions ont jadis été dévorées par les mers furieuses, épouvantables qui brisent sur ce rivage; celles dont on voit les restes, ne sont que les témoins de la fureur de Fontenelle. L'histoire manuscrite des guerres de la ligue de Bretagne, dit page 193, « de ce ravage » de Penmarch, demeura telle ruine qu'il ne pourra » de cinquante ans relever ni possible jamais. Les ha- » bitans s'étaient réfugiés dans l'église, ils y cou- » chaient avec leur légitimes épouses. Là les vilains » se provoquaient au jeu vénérien; cela ne laissait pas » d'être fort déplaisant à Dieu; ils furent la plupart » égorgés dans leur lit. DIEU VEUILLE QUE CELA LEUR » SERVE POUR LE SALUT[1] ».

A l'est de la pointe de Penmarch, est le village de Kerity; j'y vis avec surprise, une statue d'Albâtre, de sept pieds de haut; c'est un Saint-Jean; sa barbe, ses sourcils, ses cheveux sont dorés; une guirlande de feuillage l'environne, de petits oiseaux posent sur ses rameaux, le saint soutient un agneau sur un livre; je crois cette statue d'une main espagnole ou portugaise; le piédestal est orné de quatre statuettes de la même matière, mais d'un meilleur style que la statue. Le

[1] MOREAU, pp. 276 et 277. Le texte imprimé ne reproduit pas identiquement le texte copié par Cambry.

dôme qui la couvrait, est un amas de pyramides gothiques et d'ouvrages à jour, travaillés avec recherche. Quelque naufrage aura fourni ce monument à Kerity; j'engageai la municipalité de Penmarch, à le conserver avec soin.

Quimper, situé au confluent de deux rivières, dut, dès les premiers temps, offrir une position avantageuse aux Bretons; les plus anciens géographes parlent de cette ville, elle était la capitale d'un grand peuple; la plupart des monumens Gaulois ont disparu; leur manière de bâtir dans les temps les plus reculés, s'est propagée de siècle en siècle; vos maisons sont encore, comme celle des Celtes, un mélange de bois et de pierres aussi solide, aussi durable que les maisons de pierres de taille adoptées dans les tems modernes; ils bâtissaient isolément, beaucoup de vos demeures ne s'unissent pas à celles de vos voisins.

Les grotesques figures qu'on aperçoit sur vos plus anciens édifices, ont un caractère d'originalité, de plaisanterie, de gaieté qui ne le cède à rien de ce que j'ai vu de plus bizarre; c'est un malheureux qui souffre, et dont la risible grimace est à moitié cachée par un mouchoir; c'est un lourdeau qui solicite un juge, qui lui répond en lui montrant sa bourse; c'est un monstre à tête de Pongo, presque aussi longue que son corps décharné, qui pose sur un bouclier; un cordelier à figure bénigne, posant ses mains bénites sur la tête des passans; on y voit l'ange de Tobie, la folie, un homme séparant en deux un lion dont il déchire les machoires, et regardant d'un air féroce, un burlesque guerrier qui le menace d'une massue; ce Matamore armé, porte un de ces étuits insolens et menteurs que nos pères étalaient en forme de priape, au défaut de la cuirasse et des cuissarts [1].

Ces maisons, voyez celle de l'ancienne auberge du lion d'or, près du pont de Sainte-Catherine [2], et celle qui forme l'angle de la place Saint-Corentin et de la rue obscure, vous feront juger de la solidité de cet ancien genre de bâtisse; vous y verrez la beauté, la grandeur, l'incorruptibilité des chênes employés par vos ancêtres; ils servent d'escaliers, de frise, de traverse, de chapitaux et de colonnes; après trois ou quatre cens ans de service, ils sont respectés par les insectes, inattaquables par l'acier, compacts comme le bois de fer. Quel caprice dans les ornemens! Des gueules de dragons, des têtes d'anges ou de lion servent de base à des montans guillochés, des ornemens sans

---

[1] La *devanture* en bois décrite par Cambry était celle de la maison faisant le coin de la rue Neuve et de la place Saint-Corentin. — On peut la voir au Musée archéologique; seulement, au lieu des scènes que décrit Cambry, la devanture ne nous montre que des figures isolées.

[2] Il ne s'agit pas de la maison du *Lion d'or* actuel, au coin Sud-Ouest de la place Saint-Corentin. A la fin du seizième siècle, l'hôtel du *Lion d'or* était place *Médard* (MOREAU, p. 213). Au dernier siècle il était rue *Neuve*, aujourd'hui de l'*Évêché*, vers le coin du *Parc*, près du pont Sainte-Catherine, en face de l'Évêché. (Capitation de 1750.) C'est seulement vers 1781, que le *Lion d'or* s'est transporté à la place qu'il occupe aujourd'hui.

formes définies remplacent les chapitaux. Si Walpole qui, près de Tuitnam, près de la demeure de Pope, a fait bâtir une maison gothique, dont toutes les parties sont prises des plus vieux monumens, ou copiées des plus vieilles ruines, avait vu les façades dont je viens de parler, et le jubé, et les balustrades du Guéodet, il en eût, à grands frais, acquis la propriété, pour en enrichir sa demeure bizarre.

La Flandre, la Suisse, l'Italie, la ville de Melun sur-tout, peuvent le disputer aux bambochades de Quimper.

Les murailles de votre communes, ruinées, épaisses, couronnées de crenaux, de lierre, d'arbrisseaux, les montagnes qui l'environnent, vos édifices en amphithéâtre, des bois variés, agréablement disposés, les capucins, le collége des Jésuistes, le Penity, l'Hôpital, isolé, entouré de bosquets, de vallons rians, les sinuosités de vos rivières fourniraient aux dessinateurs, aux peintres, mille points de vue intéressans. Je regrette, avec tout le monde, cette superbe allée du Parc que dans les accès d'un faux zèle, sous prétexte d'utilité publique, on enleva à vos loisirs, à vos plaisirs, à vos délassemens ; c'est couper une violette, pour augmenter les fourrages d'une armée.

J'ai vu Poulguinan, c'est un château dont on voit encore quelques pans, quelques tours encaissés dans les bâtimens modernes ; ce qu'on en peut apperçevoir est très-ancien; on prête cette demeure au Roi Gralon, c'est reculer son existence jusqu'au quatre ou cinquième siècle. Il est placé sur une coline élevée d'où l'on voit une partie de Quimper, et les détours de la rivière.

Les desseins de Laniron, campagne des anciens évêques, étaient du fameux Le Notre; ses formes sont grandes et belles, une vaste balustrade forme un fer à cheval avancé sur un grand bassin de l'Odet. A quelque angle que vous vous portiez, vous avez un nouveau coup d'œil, des eaux tranquilles, des montagnes sauvages ou bien boisées, des vallons dont les divers coteaux se croisent en s'élevant à l'horizon.

La maison est garnie de tourelles; les allées, les bois qui l'entourent, la plus belle orangerie, deux orangers entr'autres plus beaux qu'aucun de ceux qu'on entretient à Versailles, de riches espaliers, etc. etc. embellissent cet heureux séjour.

J'oubliais de vous parler de la belle église du Collége; la façade en est simple, elle est formée de quatre pilastres d'ordre Toscan, surmontés de pilastres d'ordre ionique; l'intérieur de ce temple, de la plus grande simplicité, n'a de remarquable que ses corniches d'un grand style et la voûte principale en pierre de taille, ouverte dans la partie la plus élevée, comme le Panthéon, formée de cercles réguliers dont la coupe plait à l'œil, en prouvant le talent de l'architecte qui la combina [1].

Près de l'église, est un vaste Collége très-propre à recevoir les différentes écoles que la Convention destine à l'instruction publique ; c'est sans doute dans le chef-lieu du département qu'on les établira. Le calme d'une ville qui n'est pas tourmentée par un grand commerce, l'air pur qu'on y respire, les promenades riantes qui l'environnent, l'esprit des habitans amis des lettres et de l'étude, sa position au centre du département, l'hôpital dont l'enclos pourroit servir à placer un jardin botanique, la bibliothèque déjà formée, tout indique cette place pour celle du Muséum et des écoles ; elle s'honore d'ailleurs d'avoir produit les Hardouin, les Bougeant, les Fréron, et des hommes pleins de caractère, de nerf et de patriotisme ; rien de plus doux, de plus affable, de plus aimable en général, que les habitans de Quimper, qui dans toute la révolution, malgré quelques agitateurs, ne se sont pas souillés d'un crime, qui n'ont pas versé le sang humain, et qui supportent avec tant de fermeté, tant de courage, tant de calme, la pénurie, l'espèce de disette, la cherté des denrées et tous les maux momentanés qu'il faut souffrir sans murmurer, pour acquérir et la paix et la liberté.

---

(1) Cambry, s'il revoyait la chapelle du collège, la reconnaîtrait à peine. En construisant le nouveau Lycée on l'a masquée sans pitié, et sans nécessité, malgré les protestations de la Société archéologique.

Je vous invite, citoyens administrateurs, à déclarer par écrit, que je n'ai rien négligé dans l'étendue de votre ressort qui puisse intéresser les sciences et les arts. Je vous prie de m'indiquer les objets que je pourrais avoir négligés.

Salut et Fraternité.

Extrait

Du Registre des délibérations du directoire de l'administration du district de Quimper.

Du 15 Germinal, an troisième de la République, une et indivisible.

Seance tenue par le citoyen A̧llain Kernafflen, vice-président; assisté des citoyens Bonet, Capitaine et Barazer, administrateurs.

Présent le citoyen J. J. Lebreton, *Agent National.*

Le citoyen Cambry, commissaire du Département du Finistére, pour la recherche et la conservation des monuments tenant aux sciences et aux arts ; et pour accélérer la formation des Muséum nationaux, et la réunion des bibliothéques et de tous les objets qui peuvent intéresser les connoissances utiles, a fait son rapport à l'administration.

Son travail qui est le résultat des recherches les plus actives et les plus exactes, faites dans le temps le plus court, présente les vues de bien public qui caractérisent l'esprit et le cœur de ce citoyen éclairé, ami de son pays, où rien de ce qui peut être utile au bonheur et à l'instruction de ses habitans, n'est échappé à ses recherches aussi curieuses qu'intéressantes.

L'Agent National entendu,

L'ADMINISTRATION ARRÊTE, de témoigner au citoyen CAMBRY, sa satisfaction de la manière dont il a rempli cette mission importante, l'invite à lui laisser une copie de son rapport pour être déposée dans les archives et qu'expéditions du présent seront adressées, tant au citoyen CAMBRY, qu'à l'Administration supérieure, comme l'expression de son estime particulière, et du désir de voir la même opération remplie aussi utilement dans tous les autres districts de la République.

Pour expédition.

Signé A. KERNAFFLEN, *président ;*
AMBROISE DUHAFFOND, *secrétaire.*

Landerneau.

Citoyens Administrateurs,

Je n'ai qu'à me louer du zèle avec lequel vous avez secondé mes travaux, et que des hommages à rendre à vos principes, à votre amour, à votre respect pour les sciences et les arts.

Je vais vous rendre un compte exact de mes opérations, et vous indiquer les richesses nationales que renferme votre arrondissement.

Dès le jour de mon arrivée, je vous invitai par une adresse :

1°. A faire réunir dans un même lieu les livres rassemblés dans différents dépôts, à la Maison commune, au comité de surveillance, au District, etc.

2°. A choisir un local pour la bibliothèque du District.

3°. A faire faire le devis estimatif des dépenses nécessaires pour l'établir, devis qui doit-être soumis à l'approbation du Département.

4°. A nommer deux Commissaires, pour faire le catalogue de cette bibliothèque.

La maison Toulec, grande, bien éclairée, placée sur le quai, dans le voisinage de la promenade publique, vous a paru convenir à la bibliothèque, et vous l'avez choisie.

Les citoyens Thomas, fils aîné, et Roujoux, ont été nommés pour en faire le catalogue, déjà ce travail est commencé.

Le citoyen Leroux, ingénieur des ponts et chaussées, fait le devis des dépenses nécessaires à cet établissement.

Les livres réunis n'ont formé d'abord qu'une masse de 5 à 600 volumes. Je les ai tous examinés; j'ai pris les titres des onze ouvrages, que j'ai fait séparer des autres;

C'est la Dioptrique occulaire de Chérubin,

C'est l'Anatomie de Jacques Grévin;

C'est la belle édition de la Cité de Dieu, de 1651;

Ces 5 ou 600 vol. appartenoient:

A Lebihan, prêtre, dont on a trouvé les livres enterrés;

A la Chapelle, curé émigré;

Aux Chanoines de Daoulas;

Une partie d'entr'eux avoit été dérobée aux Capucins.

Votre bibliothèque ne s'enrichira guère, en adoptant ces ouvrages insignifians.

Vous trouverez dans une caisse saisie chez Moëlien, Officier de la marine, une centaine de volumes, jolie collection d'un jeune homme, composée des œuvres de Rousseau (J. B.) de Gresset, de la Fontaine, du Roman comique, de Richardet, etc. Petites éditions en vogue avant la révolution, auxquelles la gravité du moment attache moins de prix, mais qu'on recherchera dans les jours de repos qui la suivront.

Une malle appartenant au même émigré contient, outre ses journeaux, des chansons et quelques cahiers de musique, environ 80 volumes parmi lesquels j'ai distingué :

1º. Les œuvres de Piron, publiées par Rigoley de Juvigny. *Liége*, 1776, en 7 vol. *in*-12.

2º. Les œuvres de Boulanger. *Amsterdam*, 1775, 5 vol. *in*-8º.

3º. Novelas exemplares de Miguel de Cervantes, en *Madrid*, 1783, *in*-8º, fig.

4º. The Works of james Thomson. *London*, 1750, 4 vol. *in*-12, fig.

5º. La vie de Frédéric, roi de Prusse. *A Strasbourg*, 1788, *in*-8º.

6º. Un traité élémentaire de la mâture des vaisseaux, par Forfait. *Paris*, 1788, *in*-4º.

7º. Le nouveau dictionnaire espagnol et latin de Séjournant. *Paris*, 1775, *in*-4º, 2 vol.

On y trouve quelques manuscrits que vous devez conserver; non qu'ils soient d'un grand intérêt, mais dans le désordre occasionné par la barbarie du moment, ils peuvent conserver des faits, dont les historiens pourraient tirer partie.

1°. Une relation du combat et du siège de Savannah.

2°. Un précis d'opérations dans l'Inde, depuis le 16 Mars 1783, époque de l'arrivée de M. de Bussy.

3°. Des observations sur quelques isles Anglaises.

4°. Instruction des mouillages de la mer Méditerannée, avec quelques reconnaissances des côtes d'Espagne.

5°. Une relation du combat donné par M. de Suffren à l'Amiral Hugues, devant Goudelour, le 20 Juin 1783.

6°. Un journal historique contenant un abrégé de nos premières campagnes; un détail circonstancié de celles de M. de Grasse, avec des notes instructives sur les mœurs de différens peuples et sur les productions de leurs pays, en 1781.

Instruit qu'on avait fait la vente des livres des Récolets, des Capucins et des Ursulines, je me transportai chez les acquéreurs de ces bibliothèques ; ils eûrent la générosité de rendre *gratis* à la Nation, les ouvrages qu'ils avaient acquis.

Ces hommes généreux sont :

Les citoyens Taylor,   Radiguet,
Oléa,   Le Bihan.

Les livres qu'ils ont donnés sont au nombre de 4000, presque tous *in*-f⁰.

J'ai parcouru tous ces volumes, ils ne sont pas d'un grand intérêt pour la multitude, mais ils doivent être déposés dans une bibliothèque publique. Sans doute si tous les hommes avoient acquis ce dégré de raison qui triomphe de la tradition et des ruses de l'esprit sacerdotal, qui résiste à tout genre de subtilités, ces livres ne devraient plus surcharger nos tablettes; mais ils conservent les traces des mille et mille ruses infernales qu'on employa pour nous tromper; ils fournissent contre leurs auteurs, des argumens irrésistibles; ils sont l'amas le plus complet des désordres de l'esprit humain, de toutes les contradictions; ils servent à l'histoire de l'imagination. Les sophismes qu'ils ont produits, reparoîtront pour nos neveux peut-être : conservons-leur le moyen de les reconnoître, de les combattre, de les anéantir. Les livres des pères de l'église qu'on voudrait expulser de nos bibliothêques, conservent une multitude de faits et de détails nécessaires à l'histoire. Sans Lactance et St. Augustin connoitrait-on les dieux du paganisme? Ils les ont avilis à la vérité, mais ils en conservent les traces. Les modes des premiers siécles de l'ère chrétienne, seraient ignorées sans Tertullien et St. Jérôme. Les pères grecs ne nous apprennent-ils pas quelles étaient les mœurs et les coutumes de leur siécle? Sans croire à l'ancienneté qu'on prête aux prétendus livres de

Moïse, quel ouvrage nous donne de plus précieux détails sur l'histoire de l'antiquité ? Non quand on les lit sans critique, mais quand les dépouillant des fables, parmi des milliers de chimères, on sait trouver des vérités. Les écrivains de la Grèce et de Rome parlent sans cesse du commerce de Tyr, vous chercheriez en vain dans leurs écrits des détails qu'on ne trouve que dans Isaïe.

Mille faits déplacés ici vous prouveraient la vérité de ces assertions, et la nécessité de conserver des livres que l'opinion publique, mal conçue, voudrait chasser de nos collections.

J'ai pris les titres de 130 ouvrages qui dans peu n'auraient plus existé, qu'on allait faire passer chez l'étranger. Ils auraient entraîné dans leur chute des éditions précieuses de 1400, des livres classiques que je m'applaudis de conserver à la littérature, à la typographie.

1º. Divi Johannis Duns expositio. *Parisiis,* per Andream Bocard, 1497, *in*-fº.

2º. Adagiorum opus Des. Erasmi. *Lugduni,* per Sebast. Griphium, 1528. Bonne édition bien conservée, *in*-fº.

3º. Dictionnarium Placi, *in*-fº. 1534. Il explique les termes les plus difficiles de la langue hébraïque ; il donne des détails sur les mille peuplades de l'Asie, nommées dans les livres saints.

4º. Quæstiones morales magistri Martini. *Parisiis,*

per Vuolfangum hophyl, allamanum, 1400, complet, en bon état.

5°. Œconomia bibliorum, autore Georgio Hedero. *Coloniæ agrippinæ*, 1571, *in-f°*. Il fournit des notes intéressantes sur les peuples de la Syrie.

6°. Francisci Georgii Veneti, de harmonia mundi. *Parisiis*, 1546, *in-f°*. fig. Au milieu de réflexions absurdes, on y trouve des observations précieuses sur la géographie et sur les animaux.

7°. Arithmetica Theorica ; Annulli astronomici liber ; Joannis de Sacrobosco astronomia ; Boneti, annulli astronomici ; De generali Horarii compositione ; Jacobi fabri stapulensis astronomici etc., edit. Henrici Stephani; Joannis fernelii Ambianatis de proportionibus libri duo.

Tous ces ouvrages sont réunis sous la même couverture.

8°. Rodelphi Agricolæ de inventione, 1542, *in-4°*.

9°. Lactantii Firmiani de divinis institutionibus. Item Tertuliani apologeticus adversus gentes. *Venetiis*, 1494, *in-f°*.

10°. M. Fabii Quintiliani institut. *Parisiis*, 1527, *in-f°*.

11°. Doctrinale Monachi Lombardi, impres. *Lugduni*, per Jonnanem de Prato, 1491, *in-4°*.

12°. Joan de Guerson opera, 1489, *in-4°*.

13°. Margarita poetica. *Basilæ*, per magistrum Amerbach.

14°. Geometria Thomæ Bravardini. *Parisiis*, 1495, *in*-f°. fig.

15°. Une très-ancienne édition de Ciceron et de Quintilien, sans folio et sans lettrines.

16°. Isodori hispaliensis etymologiarum. *Parisiis*, impres. operâ magistri Georgii Wolff. *Thielmanni. Kerver*, 1499, *in*-4°., belle édit. en bon état.

17°. Philosophia Moysaïca, autore Rob. Flud. *Gondæ*, 1638.

18°. Sermones aurei quos compilavit magister Leonardus de utino, 1473. Beau papier, beaux caractères, bien conservé [deux exemplaires], *in*-4°.

19°. C. Plinii hist. nat. *Lugduni*, 1558.

20°. Opus Nicolai Perotti cum textu martialis, ejusdem in C. Plinii secundi præmium. *Parisiis*, per Bertholdum Rembolt, 1514, *in*-f°., en bon état.

21°. M. T. Ciceronis de Orat.

Æchinnis contra Ctesiphontem per Leon. Aretinum in latinam orationem interpretata. Impres. *Venetiis*, per Bertholomeum Alexandrinum, et Andream Asulanum, 1485, *in*-f°. complet, bonne édit. en bon état.

22°. Euclidis opus cum commentis campani, fig. impressit *Venetiis*, 1482, Erhardus Ratdolf. Belle édit. complète, grandes marges, *in*-4°.

23°. Opusculum de canonisatione sanctorum, per Troilum de malvitiis, *Bononiæ*, 1487, *in*-4°.

24°. Herodoti halicarnassei historiæ. Imprimebat

Badius, 1528. Même volume, Thucididis libri de bello Peloponesiaco, *in*-f°. en bon état, etc.

On m'apporte des livres du Bot, maison de campagne appartenant au président de St. Luc, et à son frère, Évêque de Quimper [1].

Les cinq cens volumes que j'ai sous les yeux, composés de bons livres, n'offrent au choix que je fais partout, que quelques dictionnaires, Moreri, Trévoux, etc.

Marci Tullii Ciceronis Cato major ad T. Pomponium Atticum. *Lutetiæ*, Typis Josephi Barbou, 1758, très-jolie édition.

Historiæ romanæ Epitome; Lucii Julii Flori; C. Vell. Paterculi; Sex. Aurelii Victoris; Sexti Rufi Festi; Messalæ Corvini; Eutropii; Pauli Diaconi; M. Aur. Cassiodori; Jornandi; Julii exuperantis. Accessit tractatus de mensuris et ponderibus. *Amsterodami*, apud Guil. Jauss. 1625, petit *in*-8°.

Desid. Erasmi colloquia. *Amstelodami*, Typis Danielis Elzevirii, 1668, *in*-8°.

Scipionis Claramontis de universo. *Coloniæ Agrippinæ*, apud Jodocum Kalcoven, 1644, *in*-4°. fig.

---

(1) Le château du Bot, près du Faou, appartenait au président de Saint-Luc, frère de l'évêque de Quimper.

M. de Saint-Luc, sa femme et sa fille Victoire, religieuse de la Retraite, furent arrêtés au Bot, le 10 octobre 1793. Traînés de la prison de Carhaix à celle de Quimper, puis à Paris, ils furent exécutés ensemble, le 19 juillet 1794.

Fouquier-Tinville n'a pas eu de plus touchante victime que Victoire de Saint-Luc. (V. *Histoire de la persécution religieuse dans les diocèses de Quimper et de Léon*, par M. Téphany, chanoine de Quimper.)

Officina Joannis Ravisii Textoris Nivernensis. *Basileæ*, ex Officina Borylingeria. 1581, *in*-4°.

Tacite, traduction de la Houssaye, *Paris*, 1690, *in*-4°.

On vous a fait passer douze gravures sous verre, renfermées dans des cadres dorés ; elles présentent différents traits de la vie de S. Vincent de Paul, peints par de Troy, gravés à l'eau forte par Henriot, terminés au burin par Jeaurat ; ces morceaux ne sont pas sans mérite. Un d'eux m'a frappé par sa bizarrerie. S. Vincent dit la messe, et voit dans une gloire l'ame de Madame de Chantal monter au ciel sous la forme d'un globe de feu ; elle se confond plus haut avec l'ame plus grande, plus lumineuse de S. François de Sales, aussi représentée par un globe de feu. Réunis, ces deux globes pénétrent dans un troisième globe, beaucoup plus grand, représentant le père éternel. Effet matériel des plus ridicules, idée mystique extravagante, résultat du dégré d'exaltation des prêtres, qui souvent outrepassait les genres de folies les plus forcées, et dont la raison, seule et sans mélange, pourra préserver vos neveux.

Une autre de ces gravures m'attendrit en rappelant à ma mémoire que S. Vincent rendit hommage à la nature, en fondant l'hôpital des enfants trouvés.

Ces estampes ont dix-huit pouces de haut, sur treize de large.

Le même envoi vous a fait parvenir :

Une carte générale et manuscrite du Diocèse de Quimper.

Une carte manuscrite des grands chemins de la ci-devant Bretagne.

Une boussole de six pouces de diamètre.

Une jolie boussole en cuivre, de cinq pouces de diamètre ; elle est de p. le maire.

Une longue vue de bois rouge.

Un étui de mathématiques presque complet.

Un petit quart de cercle en cuivre, de trois pouces de long, de deux pouces de large, par Sévin, à Paris.

Deux boussoles en forme de montres, avec cadrans, de l'invention de Rousseau.

Une petite romaine de cuivre dans un étui.

Quatre médaillons représentant la statue de Louis XV, à Rennes.

Une médaille d'Auguste, en cuivre.

Atlas ecclésiastique, littéraire, civil et politique. *Paris,* 1783.

Terentius, Danielis Hensii. *Lugduni Batav.*, 1651.

Plan routier de la ville et fauxbourgs de Paris, chez Lattré, 1770, sur toile.

Un atlas élémentaire. *Paris,* Bourgoin, 1766.

Atlas moderne. *Paris,* Lattré, 1762, en bon état.

Plan de Port-Mahon.

Neptune Français, 2 grands volumes, en bon état.

Atlas de Gerard Van Keulen. *A Amsterdam,* deux grands volumes.

C. Salustius, *Parisiis*, 1672, jolie édit. *in*-8°.

C. Suetonius Tranquillus. *Amsterodami*, Typis Lud. Elzevirii, 1650, *in*-8°.

Biblia sacra. *Coloniæ*, apud Jacobum Nolæum, 1679, petit *in*-8°. 5 vol. jolie édition.

Hymni sacri et novi, autore Santalio victorino, edit. novissima. *Parisis*, 1698.

Phædri fabulæ. *Parisiis*, Barbou, 1783, et les fables choisies, tirées ou imitées de Phèdre par la Fontaine, *in*-12, jolie édit.

C. Julii Cæsaris quæ extant, ex enumeratione Jos. Scaligeri. *Amstelodami*, Typis Danielis Elzevirii, 1664, *in*-8°.

M. T. Ciceronis opera omnia. *Genevæ*, 1659.

Corpus juris civilis. *Amstelodami*, 1681, apud viduam Dan. Elzevirii, *in*-8°.

Dans une soixantaine de tableaux qui m'étaient annoncés et qui garnissaient les salles du Bot, je me flattais d'en trouver qui pourraient parer votre bibliothèque ou votre museum, qui pourraient former le goût de vos enfants, guider leur main, leur servir de modèle, si la nature les destinait à suivre la carrière des arts. Les premiers envois me désespérèrent, je n'y vis qu'un amas de portraits médiocres, mauvais, des dessains, des essais d'une main mal assurée, de détestables caricatures, tous cependant entourés de cadres dorés; j'augurai mal du goût et de la collection des propriétaires du Bot, de la maison de S. Luc. J'y trouvai cependant quelques gravures assez bonnes.

1°. La passion du Poussin, gravée par Glaudia Stella, en 1674; elle a deux pieds huit pouces de large, sur deux pieds de hauteur. J.-C. et les Larrons sont sur la croix; désespoir de S. Jean, des Maries; la terre se fend, les morts résuscitent; une afreuse obscurité règne dans l'atmosphère; tout est douleur, fureur et désespoir dans cette belle composition.

2°. La Magdeleine de Lebrun, gravée par Flipart, belle épreuve d'une belle estampe.

3°. L'Ascension d'Audray, gravée par Drévet.

4°. La Vierge d'après un modèle en argent, de Bouchardon, peinte par Chevalier, en 1735, gravée par Sornique, en 1744.

Ces quatre estampes sont sous verre, leurs cadres sont dorés.

Je ne vous parle pas d'une Thalie, chassée par la peinture, de Coypel, gravée par Lépicié;

Du mercure apportant à des Nymphes le fils de Jupiter et de Sémélé, peint par Alexandre, gravé par de Poily, et de quelques autres morceaux mal conservés.

Le seul tableau qui m'ait frappé dans cet envoi, est une assez bonne copie, d'un célèbre original d'Annibal Carrache. Un esclave soutient la Vierge expirante; J.-C. est mort sur son sein, la mère de la Vierge se précipite pour le secourir. Magdeleine échevelée tombe à genoux et contemple son maître, un rocher sombre enveloppe cette scène de désespoir, sur lequel se fond, se détache, un sublime mélange de couleurs, d'ombres et de lumières. Quelle ame! Que d'expressions! L'on fond en larmes.

Le Bot vous a fourni des cartes assez bonnes. Votre collection dans ce genre est faible et de peu de valeur.

Puisqu'il faut ne rien oublier dans un catalogue, je vous parlerai d'un bouquet de lilas et de roses, sculptés avec délicatesse; (il est de plâtre sous verre, entouré d'un cadre doré). Je vous parlerai d'un cahier d'expressions, de passions, d'après le Brun, gravé par Audran. Ouvrage répandu par-tout et qui n'a pas peu contribué a nous écarter de cette pûreté, de cette grandeur des anciens, qui ne leur permit jamais d'altérer par des grimaces, la beauté des têtes idéales, et de faire pleurer Hercule ou Milon de Crotône, comme un enfant, comme un esclave.

Quelle fut ma surprise quand, le 27, je vis arriver les sept tableaux que je vais vous décrire[1]!

1°. Un diamant de Péterneff. C'est une église gothique, du meilleur style. Quel fini, quelle délicatesse, quelle perspective, avec quel art il a distribué ses lumières pour éclairer cette masse d'arcades, cette mul-

---

(1) On voit trois de ces tableaux au Musée de Quimper. Ci-dessous leurs numéros avec de courtes notices empruntées au *Catalogue* dressé par M. GAUGUET, officier du génie en retraite, alors conservateur du Musée.

titude de voûtes aëriennes! On pénètre dans chaque chapelle, au fond du sanctuaire, que deux cierges placés sur l'autel permettent encore d'approfondir. On tourne autour de ces larges piliers, dont les pilastres et les arrêtés sont si nettement prononcés. Marbres funéraires, roses légères, frises élégantes, tout est soigné. L'obscurité majestueuse de ce théâtre silencieux est troublé par quelques Matronnes. Elles portent un enfant au baptême, accompagnées d'hommes et de flambeaux.

Cet ouvrage est original et d'une main dont les *tableaux* sont recherchés même dans l'Italie.

2°. Quatre grands tableaux de l'école Hollandaise, beaux de couleurs et pleins de vérité. Dans la multitude de personnages que l'auteur étale sur la scène, on trouve quelquefois de l'expression, mais jamais de noblesse; il n'est pas plus facile aux peintres du Nord, de saisir les graces et la souplesse d'une attitude, ou d'une parure élégante, qu'aux hommes, qu'aux femmes de ces climats glacés, de copier les modes de la France; qu'à leurs Artistes d'imiter l'idéal de l'antiquité ou de la Cour de Léon X.

Dans les morceaux que je vais vous décrire, tout personnage d'une classe inférieure, est bien. Les grands, les dames, les princesses, sont d'une insupportable gaucherie, d'une affectation ridicule; ces observations générales ne sont pas sans exception, même dans les tableaux que j'ai sous les yeux.

Un d'eux offre un jardin à compartimens Français, dont les allées sablées conduisent au château d'une architecture assez platte. Sur la gauche de ce bâtiment, s'étend un bosquet de verdure, surmonté d'arbres et de sapins. Sur le devant à gauche, est un pavillon supporté par quatre colonnes sans élégance, on y prépare une colation. Une foule de personnages, de grouppes séparés se promènent, s'arrêtent avec gravité. Des musiciens font ce qu'ils peuvent pour attirer l'attention, personne ne les écoute. Un beau canal paré de dômes et d'arcades, dont les formes se dessinent dans les eaux, et le brillant de la couleur, font le mérite de cet ouvrage [1].

Tous les actes de la charité sont réunis dans le second de ces tableaux. L'enfant que sa mère accoutume à soulager les malheureux, le porte-faix qui sert un paralitique, l'homme fastueux qui paie sa dette en or à l'homme qui lui tend la main, celui qui se dépouille pour couvrir l'infortuné sans vêtement, l'hospitalier dont la porte s'ouvre à l'étranger, sont en action sur une vaste place, dont les grands bâtimens sans goût, offrent à l'œil les combinaisons irrégulières de l'architecture hollandaise. Une action unique et générale ne réunit point cette multitude de personnages. Des couleurs vives et tranchantes fatiguent l'œil et divisent

---

[1] Musée de Quimper, n° 269.
Une fête dans un palais de Venise. Bois, haut. 0ᵐ53 cent., larg. 0ᵐ77 cent. — Franck (Sébastien), né à Anvers vers 1573, — acheté en Hollande en 1705, par le bisaïeul maternel de M. de Silguy, donateur du Musée de Quimper.

l'attention. Mais quelle vérité, quelle simplicité ! Voyez le groupe sur la gauche, où la soif ardente est soulagée; quelle avidité chez cette vieille femme, chez ce robuste estropié ! A l'autre extrémité, comme la charité modeste, sentimentale se peint sur la figure, dans l'attitude de cet infirmier qui donne une pièce de monnoie à la porte d'un hôpital ! Voyez cet épisode admirable, digne du pinceau de Rembrant. Un malade attend avec confiance la décision d'un médecin qui réfléchit près de son lit et va prononcer ses arrêts. Cet angle vaut le tableau d'un grand maître ; la réflexion du docteur, la curiosité du Moribond, la simplicité de la scène, sont des chefs-d'œuvres de conception, d'exécution, au-dessus de tout éloge. Un cimetière dont les arbres religieux se mêlent à l'azur du ciel, une procession qui rend les derniers devoirs à l'homme qui vient d'expirer, et, dans une gloire éloigné, le fils de l'homme au milieu des archanges, ouvrant le ciel à ses élus, complète, comme je l'ai dit, tous les actes de charité que le monde visible et le monde intellectuel peuvent offrir à l'humanité. Puisse ce précieux ouvrage parler à tous les hommes comme il me parle en le décrivant, pas un individu ne souffrirait sur la surface de ce monde.

Ce n'est pas ainsi que l'Albane a traité le même sujet. Une mère féconde et généreuse allaite de jeunes enfans, un sentiment de piété naît à l'aspect de son ouvrage. Mais en détail, avec des personnages plus rapprochés de nous, l'Hollandais moins sublime atteint son but et nous dispose à soulager nos frères. L'Albane a peint la charité chez les héros et chez les demi-dieux, notre auteur la peint chez les hommes.

3º. Un jeune homme vêtu de noir et portant un brillant panache, enivré de débauche et de vin, siège entre deux courtisanes; les faux amis qu'il a réunis, cèdent au même délire, et séduits par l'ivresse et par de faux semblans, oublient toute décence et toute retenue [1]. Le vin coule à grands flots, toutes les ruses de la coquéterie, les sons d'une musique efféminée achevent d'écarter un reste de décence. La scène est établie sous un vaste portique d'une architecture gothique; on n'en devine le sujet qu'en étudiant des accessoires lointains. Dans un des fonds à gauche, l'enfant prodigue s'éloigne de son père désespéré; il revient dans l'autre aux pieds d'un père qui l'accueille. Le veau gras qu'on assomme, un pâtre gardant des pourceaux qu'on apperçoît auprès d'une chaumière, achevent d'éclaircir sur le sujet de ce tableau.

Même vérité, mêmes couleurs, mêmes défauts que dans les autres.

4º. Plus d'harmonie dans les couleurs, une perspective plus vraie se remarquent dans le quatrième de ces tableaux ; le sujet n'en est point caractérisé. C'est un repas splendide dont les acteurs paroissent être des

---

[1] Musée de Quimper, nº 268.
L'Enfant prodigue. Bois, haut. 0ᵐ53, larg. 0ᵐ85. — Franck (Sébastien).

personnages importans. Par une ouverture latérale qui donne sur les champs, on apperçoit une scène de cabaret, un combat d'yvrognes préférables au sujet principal ; je le répète, les flamands et les hollandais, quand ils ne sont ni des Vandik, ni des Rubens, doivent ne pas sortir des tabagies et des chaumières. L'Arminius et le Messie m'ennuient, mais les idiles de Gessner et les scènes de Zacharie m'enchantent. Homère peut chanter les Dieux, Théocrite se borne à célébrer les bergers et les campagnes de la Sicile.

Ces quatre tableaux sont originaux et ne depareroient aucune collection française.

6°. Un Teniers aussi précieux, aussi fini que ses meilleures compositions, est le sixième tableau que le Bot vous a fourni. Deux scènes le partagent : la principale offre un ivrogne enluminé, coeffé d'un bonet rouge ; il est assis, sa main droite fatiguée soutient à peine un large broc de vin ; la gauche porte un long flacon qu'il se dispose à vuider, malgré l'humeur de sa vieille épouse qui le regarde avec dédain, et prend une prise de tabac dans une boëte de fer-blanc. Un ami dans une position insignifiante mais vraie, une femme curieuse ouvrant une fenêtre, des vases dessinés, exécutés, touchés avec esprit, forment cette première partie du tableau. Près d'un foyer qu'on apperçoit à droit, un sot s'efforce de cacher son jeu qu'un fripon fait connoître à son adversaire. L'avidité des joueurs, la curiosité des spectateurs, fourberie, simplicité, tous les mouvemens d'un cabaret sont parfaitement caractérisés dans cet ouvrage original.

7°. Mon maître, mon ami, toi qui m'ouvris les yeux, toi qui me préparas, dès l'enfance, aux douces sensations que les beaux arts m'on fait éprouver, toi qu'on surpassa dans quelques parties, mais que dans la partie savante et poëtique d'un tableau personne n'égala peut-être ; toi que j'osai célebrer autrefois, non sans quelques succès, puisque ton génie m'animait, divin Poussin, c'est après t'avoir admiré par-tout, c'est après t'avoir vu pour la dernière fois dans le palais justiniani, qu'au fond d'un théâtre sauvage, je peux encore te voir et t'adorer[1].

J'ai sous les yeux ton Moïse sauvé des eaux, non copié par une main audacieuse, quel homme eût pu t'imiter à ce point[2]?

C'est ton tableau. La fille de Pharaon commande à la mère de Moïse de prendre et de nourrir l'enfant qu'on vient d'arracher à la mort. Cet enfant n'est point un enfant ordinaire, c'est le sauveur du peuple Hébreux, c'est le législateur du Monde. Quelle grace, quelle rondeur, quelle noblesse ! L'éclat de la couronne, la majesté de la fille de Rois, n'attire pas son œil, n'obtient point son sourire. C'est à sa mère qu'il

---

[1] Cambry a publié un *Essai sur la vie et les tableaux du Poussin*. Rome. Paris, 1783.

[2] Musée de Quimper, n° 775. Toile, haut. 0m53, larg. 0m63.
Cette toile, qui portait de nombreux *repeints*, a été envoyée au plus habile restaurateur du Louvre. Il pense que, si elle n'est pas entièrement de Poussin, les fonds sont bien de lui, ainsi que la composition.

s'adresse, c'est dans ses bras qu'il voudrait s'élancer. Jamais l'amour maternel ne fut mieux senti, mieux rendu. Avec quelle piété cet esclave porte l'enfant! Comme tout se rapproche du sujet principal; comme ces femmes quittent les fleurs qu'elles cueillaient sur le rivage; tout ce qui voit s'émeut, tout ce qui soupçonne s'agite. La majesté du plus grand paysage, ces sublimes fabriques de l'Égypte, éparses dans le lointain, couronnées par des monts bleuâtres, ces troncs noueux et chargés de feuillages, le fleuve et le Sphinx qui caractérisent le Nil, tout est subordonné à cette scène sublime dont l'amour maternel est la base et dont la majesté de la nature, et la noblesse de la fille de Pharaon, essaieraient en vain de distraire.

Vous qui disputez au Poussin la magie du coloris qu'il sacrifiait souvent à l'expression, voyez l'heureux mélange, les brillantes oppositions qui me frappent dans cet ouvrage. Vit-on des couleurs plus vives et moins tranchantes, des champs émaillés de fleurs plus animées? Je ne me lasse pas d'admirer. Les beaux grouppes! comme ils se réunissent! Est-il une attitude plus noble, plus simple, que celle de la fille de Pharaon? plus serviable que celle de l'esclave chargé de l'enfant précieux? Comme sa barbe rude et sa couleur cuivrée font ressortir la blancheur de Moyse et rehaussent l'éclat des trois principaux personnages! Ces palais sont d'une architecture égyptienne, les arbres sont ceux de l'Égypte. Ces deux philosophes entrevus près d'un portique, sont si légèrement touchés, qu'en admirant leur attitude, l'œil peut à peine en dessiner les formes ; et trois plans reculés encore, prolongent l'étendue de cette vaste scène.

Je n'ai jamais trouvé de copies, de gravures de ce grand maître, sans avoir admiré son génie, ses sublimes compositions que la main d'un mal-adroit même ne peut détruire. Jugez de l'émotion que j'ai sentie, quand je l'ai retrouvé lui-même au bout du monde, à Landerneau, sur les côtes de la Bretagne [1].

La bibliothèque du Bot, ou plutôt la partie des livres qu'on a fait parvenir au District jusqu'au 30 Nivôse, est composée de 2000 volumes. J'ai copié 70 titres de cette collection, dont vous pouvez prendre lecture ; vous y trouverez quelques grands ouvrages.

L'hist. des voyages de l'Abbé Prevost.

Les œuvres de Daguesseau.

L'hist. romaine de Laurent Echard.

L'hist. des Juifs de Prideaux.

L'hist. ecclésiastique de Fleury, *in*-4°.

L'art de vérifier les dates.

L'hist. du peuple de Dieu, *in*-4°.

---

(1) Le Poussin, deux pieds de large, vingt pouces de haut.

Les quatre Hollandois, deux pieds six pouces de large, un pied sept pouces six lignes de haut.

Le Peterneff, seize pouces six lignes de large, onze pouces six lignes de haut.

Le Teniers, dix-sept pouces six lignes de large, treize pouces de haut.

(*Note de Cambry.*)

L'hist. ancienne de Rollin.

L'édition *in*-4°. du discours de Bossuet, sur l'hist. universelle.

Le théâtre des Grecs de Brumoy.

La satyre ménippée, édit. de Ratisbonne, *in*-8°., 1712 avec fig.

Ces livres en général sont bien choisis, bien reliés, bien conservés.

Il résulte de l'examen de sept à huit mille volumes composant votre bibliothèque, que vous possédez quelques Pères; des éditions précieuses par leur ancienneté, mais en petit nombre; quelques livres de littérature, très-peu d'historiens, rien en géographie, point de romans; que la partie des arts et des métiers est presque nulle. Vous n'avez de voyageurs que la collection de l'abbé Prévot. Pas un commentateur, fort peu de livres classiques, un si petit nombre de poëtes, qu'on n'en trouverait pas une douzaine dans votre collection. Vous avez l'Encyclopédie déposée au Comité de surveillance. Vous n'avez ni Buffon, ni Rousseau, ni Voltaire, ni Cook, ni Molière, ni Racine; Corneille n'est pas au nombre de vos livres; Virgile, Homère, Horace, Anacréon, Ovide, l'Arioste, le Tasse, Shakespeare, les Poësies Erses, Donquichotte vous manquent; peu de Districts ont plus besoin des secours du Comité d'instruction, que le District de Landerneau.

Visites chez les particuliers, dans les maisons où sont établis des séquestres, dans les maisons nationales, dans les églises, hospices, maisons de campagne, etc.

Je me suis transporté dans tous les lieux où j'ai cru pouvoir trouver des objets relatifs à ma mission.

Chez la Rue, ex-curé de S. Houardon, paroisse principale de Landerneau, j'ai trouvé 2 à 300 vol. de dévotion et de littérature, peu curieux; le seul ouvrage dont que j'aye pris note, est :

C. J. Cæsaris, commentariorum, etc. *Parisiis*, Barbou, 1755, petit *in*-8°., fig. cartes, doré sur tranche.

Chez le citoyen Duboye, ex-membre du Département du Finistère, environ 300 vol. de jurisprudence.

Chez la veuve Moëlien à Penenru, je n'ai vu de remarquable que quelques tapisseries assez bonnes; une d'entr'elles est la copie de la Tente de Darius par le Brun,

Et la tête d'une Vierge assez passablement peinte, pour être conservée dans votre Muséum.

On vantait un S. Sébastien, grand tableau conservé dans l'église de S. Julien sur le pont. J'ai fait dégager ce tableau, je l'ai vu; un faux éclat de couleurs fait son mérite, il ne vaut rien; un certain Dubois le peignit en 17...

J'ai vu quelques tableaux aux ursulines, gâtés, peu regrétables; mais je gémis avec vous, avec toute la ville, sur la perte d'un bel ouvrage de Restout que, dans un moment d'erreur et de fanatisme, des militaires ont déchiré, ont brûlé sur la place du S. Esprit. Ce tableau, dont je possède un dessin colorié plein d'esprit et de finesse, représentait une sainte famille ; la Vierge assise portait sur ses genoux l'enfant Jesus, qui, les bras étendus, contemplait dans le ciel le S. Esprit et le père éternel. La Vierge éblouie pouvait pourtant supporter l'éclat de la gloire ; mais S. Joseph, moins près de Dieu, s'humiliait, baissait la vue. Outre l'exécution, la belle disposition, le brillant coloris de cet ouvrage, on devait louer l'auteur d'avoir, en unissant les deux parties de son tableau, évité le défaut si commun chez les peintres, qui presque toujours placent une gloire dans leurs compositions, sans que les acteurs inférieurs se lient à ceux qu'ils peignent dans le ciel. Gémissons sur les ravages affreux qu'on vient d'exécuter en France, sur ces millions de monumens détruits ; et sur-tout travaillons à réparer tant de ruines. Au milieu de la belle boiserie qui renfermait le tableau de Restout, gravez sur une table de marbre :

> *Ici fut un chef-d'œuvre de peinture détruit*
> *par des hommes égarés. Amis des arts et*
> *de l'humanité, souvenez-vous des jours de*
> *Robespierre.*

Élevez vos enfans dans l'amour du beau, éloignez d'eux l'ignorance teinte de sang, aveugle, mère du fanatisme et de l'esclavage; combattez ces apôtres des ténèbres qui s'élèvent contre la lumière; ces apologistes de l'état sauvage, dupes des sophismes de Jean-Jacques; ces hommes qui vous proposent pour modèles, les Gots, les Huns et les Vandales; qui dans un pays de liberté, vantent l'atroce Lacédémone qui ne vivait que du sang des Ilotes; Rome, dont l'existence fut le fléau de l'univers. Sans doute des torrens de Tartares, conduits par Tamerlan, par Gengiskan, pourraient, en sacrifiant des millions d'hommes, obtenir des succès sur des peuples civilisés, surpris. Mais conserveraient-ils leur empire, sans les talens et sans les arts? Les francs, maîtres de nos contrées, auraient-ils régné si longtemps sans les lumières de la Gaule? Tous les conquérans de la Chine se sont soumis aux loix de leurs sujets instruits. Sans répéter ici les lieux communs dont on ferait un livre, soyons bien convaincus que, depuis l'invention de l'imprimerie, les casse-têtes, la massue d'Hercule, les dents du lion cèdent à l'intelligence, à la raison, et qu'où seront les arts et les lumières, seront dorénavant le bonheur et l'empire.

Les monumens d'architecture et de sculpture sont rares dans votre District; on pourrait citer cependant, sans le rapprocher des modèles de l'Italie, mais comme traçant une nouvelle route, le portail de S. Houardon. La corniche hardie qui supporte le fronton de ce portail, les ornemens en pierre de Kersanton, les colonnes d'ordre Corinthien qui le décorent, l'ensemble des proportions, sont d'un heureux effet. Les curieux pourraient enrichir leurs tablettes des fleurons, des portraits antiques, dont le sculpteur se plaisait à l'orner; on voit partout dans cet ouvrage les efforts de travail, la profusion de richesses, qui partout tâchent de suppléer cette majestueuse simplicité sans laquelle il n'est point de chef-d'œuvres.

Si je n'avais vu le clocher de Creisker à Paul-Léon, je vanterais ceux de la Commune de Lampaul et de S. Egonec[1]; mais je le répète, ce léger, ce brillant clocher efface à mes yeux les flèches de S. Louis à Paris, celles qui parent la ville d'Auxère, les clochers de la Flandre, les tours de Malines même, plus élevées mais moins futées, moins élégantes.

J'ai vu dans S. Egonec les ruines de tombeaux d'ornements, dont le travail, la pierre et la bizarrerie nous fourniraient des contrastes piquans, des observations heureuses, si la barbarie ne les avait tellement concassés, qu'on ne peut en décrire ni les masses, ni les détails.

Les même ravages se font appercevoir dans l'église de Landivisiau. Le hasard a fait épargner une chapelle voisine de la grande église, dont les ornemens sont curieux : les corniches sont supportées par des cariatides en pierres de Kersanton. C'est le squelette de la mort tenant deux flèches menaçantes; c'est une

---

(1) Saint Thégonnec.

femme assez jolie, dont l'attitude aisée, le costume espagnol, la large fraize, prouvent et le talent du sculpteur, et l'excellence de la pierre qu'il a travaillée ; c'est Satan décoré de ses cornes ayant sur la poitrine la tête d'un Satyre. Si nous mettions dans nos voyages la recherche qu'y mettent les Anglais, si nous enrichissions comme eux nos descriptions de gravures instructives ou pittoresques, je ferais passer sous vos yeux une multitude d'objets, de tableaux du plus grand intérêt. Je fournirais à l'histoire de l'art une suite d'observations piquantes; des ruines majestueuses comme celles du château de la Roche; des aspects semblables à ceux qu'on a de la hauteur qui couronne votre ville; les vues sauvages ou riantes qui décorent vos rivages. Mais je m'égare et sors des bornes étroites que me prescrit le catalogue que je suis obligé d'achever.

On m'apporte de la Commune de Plougastel[1] des livres ; c'est le cinquième de la bibliothèque du citoyen Testar. Il est mort, et ce cinquième appartiendrait à deux de ses petits enfans émigrés.

Les livres sont au nombre de cent quarante-quatre.
Les plus curieux sont :

La chirurgie française de Jacques Dalechamp. *Lyon,* 1573, *in-8°.*

[1] Plougastel-Daoulas.

Epitome of the art of navigation, by James Atkinson. *London*, 1722, fig.

Le trésor des deux langues espagnole et française, par Ant. Oudin. *Paris*, 1660, *in-4º*.

Jac. Cujacii Commentarii; excudebat Samuel Crispinus. 1610, *in-4º*.

Diction. de la langue bretonne par Dom-Louis Le Pelletier. *Paris*, 1752, *in-fº*.

La Genèse traduite en français. *Paris*, 1686, *in-8º*., bonne édit.

Joannis Bercholten Commentaria. *Genevæ*, 1653, *in-4º*.

D. Junii juvenalis et Auli Persii Satyræ. *Rotomagi*, 1702, *in-12*.

Novellarum Constitutionum D. N. Justiniani Gregorio haloandro interprete. *Parisiis*, 1548, *in-8º*., jolie édit. dorée sur tranche, 3 vol.

C. Suetonii Tranq. opera (édit. dirigée par Erasme), 1517, *in-8º*., jolie édit.

Q. Horatii Flacci pœmata omnia. *Lugduni* apud Hæredes simonis Vincentii, 1508, jolie édit.

C. Salustius Crispus. *Parisiis*, 1672, *in-8º*.

J'allais oublier de vous parler d'un ouvrage du plus grand mérite, c'est le Tite-Live de Blaise de Vigenère, imprimé chez l'Abel Langelier. Lisez ce livre et vous verrez quelle est la différence des têtes de notre siècle et de celles du quinze et seizième siècles. Ces hommes savaient tout, aucune difficulté ne pouvait les arrêter.

Tite Live ne connaissait pas Rome, comme Blaise de Vigenère. Voulez-vous être instruits sur les usages de l'Italie antique, sur les peuples qui l'habitèrent, sur les loix, les sacrifices, sur les dieux de l'empire romain? voulez-vous connaître les formalités qui s'observaient dans les mariages, les funérailles, les triomphes, l'architecture de ces célèbres conquérans? Lisez Blaise de Vigenère. Les monumens, les costumes, l'état des prisons, rien n'échappe aux recherches de ce grand homme dont le nom est presqu'inconnu, malgré ce bel ouvrage, ses commentaires sur Jules Cæsar, et son édition de Philostrate.

Tels sont, Citoyens, les différens objets concernant les sciences et les arts, que j'ai trouvés dans le District de Landerneau. Je vous invite à certifier par écrit que je n'ai rien négligé pour m'acquitter de la commission qu'on m'avait donnée, et que vous n'avez à me citer aucun monument important qu'il me reste à visiter dans l'étendue de votre arrondissement.

Salut et Fraternité.

P. S. Vous avez sept orgues dans différentes Communes du District que je vous engage à conserver. L'autel du Temple de la Raison est garni de marbre. Préservez sur-tout de toute attaque, de toute destruction, deux tablettes de six à sept pieds de long, sur deux pouces et demi d'épaisseur, placées derrière l'autel.

Extrait

Des Registres du Directoire du district de Landerneau.

<small>Du 4 Pluviôse, an troisième de la République Française, une et indivisible.</small>

Séance du Directoire présidée par le citoyen Jacolot, administrateur, en l'absence du Président; assistés des citoyens Le Bihan, Dérien, administrateurs.

Présent le citoyen Le Gall, *Agent national.*

Le Citoyen Cambry, chargé par l'Administration du Département de parcourir les neuf Districts du ressort et de faire dans les différens dépôts la recherche de tout ce qui peut intéresser sous les rapports des sciences, arts et belles-lettres, a donné lecture du procès-verbal analytique et raisonné de l'examen par lui fait, du 17 nivôse, époque de la présentation de ses pouvoirs, jusqu'à ce jour, des livres, tableaux et médailles, et de ses opinions sur ces objets.

Les Administrateurs du District, après avoir entendu cette lecture avec l'attention que commandaient l'importance et le mérite des opérations du Citoyen Cambry, vivement pénétrés comme lui d'une juste indignation contre les effets et les fureurs du vandalisme qui a détruit en France tant de monumens précieux, lui ont exprimé, par l'organe de l'Agent National, l'estime et l'admiration qu'ils vouent à ses talens, et la reconnoissance qu'ils doivent au zèle infatigable qui, malgré la rigueur de la saison, l'a soutenu dans le travail long et pénible, mais heureux, qui assure à l'éducation nationale et à la postérité, la conservation et la jouissance de plusieurs ouvrages imprimés au quinzième siècle et successivement, et de sept tableaux originaux des plus grands maîtres, le Poussin, Péterneff, Teniers et autres dont la description savante est consignée dans le procès-verbal que le Directoire a prié le Citoyen CAMBRY de déposer pour être provisoirement placé dans les archives de l'Administration, et conservé ensuite dans la bibliothèque, pour y servir à l'instruction publique.

Le Directoire arrête qu'une expédition du présent sera délivrée au Citoyen CAMBRY.

Fait en directoire de District, à Landerneau. *Signé*, JACOLOT, LE BIHAN, F. M. DÉRIEN, LE GALL, *Agent National*; DENNIEL, *secrétaire*.

Brest.

Citoyens Administrateurs,

Le 3 Frimaire, an troisième de la République française une et indivisible, après quelques questions préliminaires, je vous invitai :

1º. A constater par un extrait de vos registres, quelles ont été vos diligences pour conserver, dans votre arrondissement, les monumens des sciences et des arts.

2º. A me fournir une notice détaillée des objets précieux que vous avez fait rassembler ou qui sont encore dans vos campagnes.

3º. A me donner une copie de vos délibérations, concernant le choix d'un local propre à recevoir une bibliothèque.

4º. A me faire connaître les commissaires nommés pour terminer le catalogue de cette bibliothèque.

5°. A me communiquer le devis estimatif des frais nécessaires pour l'établir et que, depuis longtemps, vous avez dû présenter au Département.

Par les papiers que vous m'avez remis le 5 Frimaire, vous démontrez que vous n'avez rien négligé pour conserver les monumens nationaux.

Dans vos adresses à la Municipalité de Brest, vous l'engagez à préserver de toute violence, la chaire, l'orgue et les colonnes de S. Louis. Ces adresses démontrent le plus saint respect pour les talens, les arts & leurs produits, et que la barbarie qui les détruit est étrangère à vos principes.

Dans une lettre du 14 Nivôse, an deuxième, au citoyen Laumond, vous lui reccommandez le pied d'un ostensoir de vermeil, que vous croyez d'un travail précieux.

Vous m'avez appris avec douleur que la plus grande partie des livres, des tableaux, des estampes, des meubles abandonnés par les émigrés ont été vendus, et que quelques médailles ou médaillons anciens et modernes ont malgré vous été jettés dans les fourneaux d'un fondeur.

Les citoyens Bechennec et Duval s'étaient chargés de la bibliothèque; le dernier forcé d'opter, a conservé sa place de professeur de mathématiques; le seul citoyen Bechennec travaille au catalogue. Je vous invite, une seconde fois, à lui nommer un adjoint. Il est âgé, ne peut se donner les mouvemens nécessaires au transport des livres, mais personne n'est plus en état que lui de suivre les opérations d'une bibliothèque. L'ordre, le choix qui regnent dans la sienne, le catalogue qu'il en a formé le démontrent. C'est un amateur éclairé, pour qui le travail qu'il adopte est un plaisir. Toute opération de cette nature est imparfaite, quand le goût et l'amour des lettres ne dirigent point ceux qu'on en charge.

Le local que vous avez choisi pour établir votre bibliothèque est insuffisant, si l'on y joint sur-tout les livres étrangers à la marine réunis à la collection de l'académie, et ceux qui, par hazard portés au cabinet du jardin des plantes, n'ont aucun rapport à la botanique, à l'histoire naturelle.

Les deux salles où vos livres sont rassemblés, sont basses, obscures et séparées. Un seul gardien n'en pourrait surveiller les lecteurs.

Elles sont éloignées des promenades, du centre de la ville, elles ne frappent pas l'œil de l'homme oisif, elles ne seraient point fréquentées. Un terrain appartenant à la nation en face du District, dont rien ne gêne la vue, qu'on apperçoit et de la rade et du goulet, placé sur un roc où des fondemens seraient stables et peu coûteux, paraît désigné pour l'observatoire. Ne pourrait-on pas en l'élevant, y joindre la bibliothèque.

Je ne proposerais pas une construction nouvelle, si tous les établissemens de votre ville n'étaient occupés par la marine ou par le service des hôpitaux.

Cet édifice embellirait Brest et ne serait pas dirigé sans doute par cet esprit de parcimonie, par le système de mesquinerie qui déshonorent tous les bâtimens du premier port de la République.

Vous n'avez pu me donner la notice des objets que je devais examiner, mais j'ai tâché d'y suppléer par mon zèle et par des recherches dont je vais essayer de vous faire connaître les produits.

La bibliothèque du District contient plus de vingt-six mille volumes; elle est le résultat des collections diverses dont la nation s'est emparée. Vous n'aviez pas dans votre arrondissement, comme Morlaix, d'anciennes communautés[1]. Les couvents de Brest, fondés à la fin du dix-septième siècle, ne possédaient pas d'éditions premières de ces livres qu'on recherche parce qu'ils ne se réimpriment plus, parce qu'ils servent à l'histoire de la bibliographie, parce qu'ils sont des modèles de correction, parceque, sous leur lourde couverture de bois, ils offrent des caractères d'une perfection que l'art des Barbou, des Elzevir et des Didot n'a point égalée.

Les Romans, les Poëtes n'y sont point en grand nombre; les curieux de médailles et d'antiquités n'y pourraient augmenter leurs connaissances.

Les géographes des temps reculés, les commenta-

---

(1) Il est assez singulier que Cambry oublie la célèbre abbaye de Saint-Mathieu *fin de Terre*, élevée au xiie siècle à la pointe extrême du continent.

teurs qu'ont proscrits le goût futile et l'étourderie des derniers siècles, auxquels bientôt nous éleverons des autels, malgré les longs écarts de leurs livres pesans, n'ont rien fourni à votre bibliothèque. Elle ne contient point d'ouvrages étrangers, elle n'a point de ces recueils enrichis par la gravure qui retracent les espèces de tous les règnes et facilitent l'étude de la nature. On ne peut y prendre une idée des ruines de Palmyre, de Memphis, d'Héliopolis, de Balbec et de Pestum.

S'il était possible d'apprécier l'esprit général du District par les livres qu'on y possédait, comme on juge de l'esprit d'un particulier par la composition de sa bibliothèque, je croirais qu'il existait à Brest et dans ses environs, plus de bon sens et de raison que d'esprit et de légèreté ; qu'on y préférait les sciences exactes à celles de pur agrément, qu'on y sacrifiait au Dieu des arts plus souvent qu'aux Graces, et que l'exactitude des mathématiques et de l'astronomie, les variations et la rudesse de l'atmosphère y comprimaient les élans du génie et les jeux de la poësie.

J'ai [comme je me le suis prescrit par-tout], j'ai pris les titres des trois cens soixante-six meilleurs ouvrages sur les vingt-cinq mille volumes réunis à Brest. Ce sont des livres de sciences et de métiers, comme vous pouvez vous en convaincre. Ce choix devait être celui d'un Port de mer et je ne prétends pas en faire la critique.

La géographie moderne est très-riche dans la bibliothèque du District. Les cartes de tous les pays y sont accumulées avec une telle profusion, que, quand le catalogue en sera fait, on pourra profiter de ce superflu et le répandre dans les cantons du Finistère, où vous chercheriez en vain une mappemonde, où vous ne trouvez pas un tableau de la France.

Ici des cartes anglaises, hollandaises, espagnoles, portugaises sont réunies avec surabondance. On peut y suivre le cours du Tigre dans toutes ses branches, les longues sinuosités de la Californie, étudier les épouvantables ravages de l'Océan sur les côtes de la Norvège. On peut y voir la marche et les combats de nos flottes dans les mers de l'Inde et de l'Amérique, parcourir les rives du fleuve S. Laurent et de celui des Amazones, étudier les établissemens des Anglais et leurs possessions dans l'Indoustan, s'instruire enfin sur l'état, la forme et la position des pays les plus inconnus de la terre. Vous en pouvez juger par la quantité de titres que je mets sous vos yeux et que j'ai copiés avec exactitude.

Outre les feuilles détachées, vous avez tous les recueils qui peuvent compléter l'étude de la géographie. Atlas, Neptune, hydrographie, le Pilote américain de Jefferys, le Pilote des côtes de la grande Bretagne, de Greenville, l'Atlas de Mercator, le Pilote de Michelon. Vous avec cinq, six ou dix exemplaires de chacun de ces grands ouvrages.

Les traités les plus utiles et les meilleurs sur les

arts, les sciences et les métiers sont la base de votre collection. On y peut étudier :

L'architecture de le Pautre, *in*-f°.

L'art des armées navales du P. Hoste, *in*-f°.

L'art des forges et des fourneaux, par Courtivron, *in*-f°.

La dioptrique oculaire du père Chérubin d'Orléans, *in*-f°, fig.

Le dictionnaire de Corneille, 2 vol. *in*-f°.

Arte de navegar por Pimentel, *in*-f°, cartes, fig.

L'art d'adoucir le fer fondu par Reaumur, *in*-f°.

L'architecture française de Blondel, 4 vol. *in*-f°, fig.

Les mémoires de l'académie des sciences, 66 vol. *in*-4°.

L'art d'exploiter les mines de charbon de terre par Morand, *in*-f°.

Observation de la lune, du soleil et des étoiles fixes par le Monnier, *in*-f°.

Le traité des feux d'artifice par Frézier, *in*-4°, fig.

L'art de la marine, par Romme, *in*-4°, fig.

De la fonte des mines, des fonderies par André Schulter, *in*-4°, 2 vol. fig.

La pyritologie d'Henkel, *in*-4°.

La géographie physique de Wodward, *in*-4°.

La théorie de la coupe des pierres de Frésier, *in*-4°, fig.

Les tables logarithimiques de Gardiner, *in*-4°.

Le traité de l'équilibre et du mouvement par Dalembert.

Les éléments de la géométrie de l'Infini.

Théorie nouvelle sur le méchanisme de l'artillerie par Dulacq, *in-4°*.

Le traité analytique des sections coniques de .l'Hôpital.

Analyse des infinimens petits pour l'intelligence des lignes courbes, *in-4°*, fig.

Geometria organica sive descriptio linearum cuvarum universalis, autore Colino Maclaurin, *in-4°.*, fig.

L'analyse démontrée de P. Regneau.

L'attaque et la défense des places de Vauban, *in-4°.*, fig., 2 vol.

Méchanique analytique de la Grange, *in-4°*.

Harmonia mensurarum per Rogerum Cotesium, *in-4°*.

Projet d'une nouvelle méchanique ou examen de l'opinion de Borelli, sur les propriétés des poids suspendus par des cordes, *in-4°*, fig.

Observationes astronomicas y physicas por Jorge Juan, Y. D. Antonio de Ulloa, *in-4°*, fig., 2 vol.

Les nouveaux principes d'artillerie de Binjamin Robins, *in-8°*.

La trigonométrie rectiligne et sphérique de Wlac, *in-8°*.

La gnomonique de Bedos, *in-8°*.

L'astronomie nautique de Maupertius, *in-8°*, etc., etc.

On y trouve une multitude d'ouvrages de cette espèce qu'il serait trop long de citer. Ajoutez-y tous les livres élémentaires qui peuvent servir la marine, les mathématiques et les sciences. La physique et la médecine m'y paroissent un peu négligées.

Les peines que les Citoyens Bechennec et Duval se sont données pendant quelque temps, pour mettre en ordre sur des tablettes les livres qu'on leur envoyait, ne leur ont pas permis d'avancer leur catalogue. Ils ont placé 2,400 numéros, mais n'ont encore copié sur des cartes que 500 titres. Vous vous rappellerez que depuis quelque temps, le citoyen Duval est forcé par la loi, d'abandonner les soins de la bibliothèque, et que le citoyen Bechennec s'en occupe seul a présent.

On ne peut être plus pauvre en musique que ne l'est le District de Brest. Quelques recherches que j'aie faites, je n'ai trouvé dans vos différentes collections que :

Six duo pour 2 violons par A. Kammel, œuvres XXII.

Un recueil de concerto par Jarnowick, Viotti, Davau, Cambini.

Un autre recueil de concerto de Jarnowick, Dauterives, de Barrier, de Stamitz, de Crammer et de S. Georges.

Six sonates de Hayden,

Et six sonates de Gioachino Traversa.

Il est facheux que l'amateur qui choisissait ses

maîtres avec tant d'intelligence, n'ait pas augmenté sa collection ou plutôt que la majeure partie des œuvres qui la formaient, ait été distraite ou vendue.

La bibliothèque du District contient encore une quantité de manuscrits dont l'examen serait utile. Je ne parle pas ici de ceux qu'à mon invitation vous y avez fait transporter et dont je rendrai compte à l'article District.

Je vais vous parler de la collection d'estampes qu'on a pu rassembler. Elles ne sont pas très-précieuses; il en est cependant qui doivent être séparées, distinguées d'un amas de caricatures, de vignettes, de culs-de-lampe, de plans d'architecture et d'ornemens, au milieu desquels il était difficile de les trouver. Je les ai mises à part, je vais vous en donner l'idée, sans copier pourtant la longue liste que j'en ai faite, vous y verrez :

Le mariage du duc de Bourgogne avec Marie Adélaïde de Savoie, en 1697, dessiné par Le Clerc, gravé par Simoneau.

Les jeunes époux se donnent la main sur un autel de la plus grande simplicité; les vertus les entourent; un druide les bénit; l'encens fume; une musique céleste se fait entendre; tout l'olympe assiste à cette fête; une colonnade brillante s'élève autour des Dieux; la renommée, la foudre en main, menace les ennemis de la France. Trop de détails, un peu de confusion déparent cette composition hardie. Point de simplicité, partant point de noblesse. Cette estampe a un pied quatre pouces de haut sur un pied de largeur.

La scalinata del monte Pincio.

Le sacrifice d'Abraham, de Ronibout.

La fontaine des chasseurs, par Wouvermans, gravée par Moyreau.

Une pêche d'écrévisses aux flambeaux, par Berghem.

Le S. Pierre de Vouet, gravé par Dorigny.

La Cuisinière hollandaise de Gabriel Metzu, gravée par J. C. Ville; belle estampe.

La Devideuse de Gerard-Douw, gravée par Ville.

L'usurière de Kraus, gravée par Desornique.

Le temps arrachant la vérité à la colère et à l'envie, belle estampe d'Audran d'après le Poussin.

Le plafond du château de Versailles, par Simoneau, d'après le Brun; jolie gravure.

Le Galilée de Gerard-Douw, gravé par Gaillard; estampe précieuse.

L'Archiméde du même, pendant de la gravure précédente, aussi finie, aussi soignée qu'elle peut l'être.

Une halte de Wouvermans, gravée par Wischer.

Le beau portrait d'Antoine de la Roque, peint par Wateau, gravé par Lépicier.

Le sacrifice d'Abraham, belle et grande estampe de Drevet, d'après Coypel.

Telles sont les plus curieuses estampes que je puisse vous citer parmi les cent cinquante dont j'ai pris note, et les trois ou quatre cents qui forment votre collection.

Elle contient en outre une foule de portraits médiocres, les desseins de toutes les parties de S. Pierre par Tarade, des gravures d'après Vernet et le beau recueil de portraits dont je vais vous donner l'idée. Pardonnez-moi ces tristes, ces ennuyeuses nomenclatures. Je ne fais pas un ouvrage d'imagination, je suis réduit à faire un catalogue.

Le Lord Anson par J. Wandelaer, d'après nature en 1751, gravé par Jean Houbraken.

Une victoire tient son médaillon, un phoque dompté par Neptune sert de support et garnit le bas du tableau.

Dom Remigius de Laury, J. Van Ost pinx. G. Edelinck sculpsit; superbe et de gravure et d'expression.

Egidius Vanden Bempden, Bourguemestre d'Amsterdam, J. Wandelaer ad viv. de lin. J. Houbraken sculpsit; très-belle gravure.

Martinus Trompius [l'Amiral] H. Pot pinx. Jean Suider Hoet sculpsit. Des guirlandes de palmes de laurier entrelacées sortent de la bouche de deux canons; des grenades, des bombes éparses dans les airs, marquent la profession de ce grand homme.

Nicolas Blaupignon Doct. Sorb. Pastor. S. Mederici. Vivien pinx. Edelinck sculpsit 1702; tête pleine de grandeur et de caractère.

Les sept évêques d'Angleterre mis dans la tour de

Londres par Jacques II en juin 1688, peints par Savouret, gravé par J. Gole ; morceau très-rare, bien historique.

Des portraits de Mignard, de Nanteuil, de Champagne.

Le portrait de Christophe de Thou ; beau morceau plein de caractère.

Anna Sophia comitissa de Carnavaen. Vandyck pinxit, P. Lombart sculpsit.

Lucia comitissa de Carlisle. Vandyck pinxit, P. Lombart sculpsit ; chef-d'œuvre de gravure et de vérité.

Thomas Howardus Dux et Comes Norfolciæ, etc.; hans Hollbein pinx. L. Vorsterman sculpsit.

Les beaux portraits du comte Arundel, de l'Abbé Coislin, de le Tellier.

Maximilianus imperator. L. van Leyden pinxit, J. Suider Hoef sculpsit ; curieuse.

Regnaldus Estensis cardinalis. P. van Schuppen delin. et sculpsit. 1762 ; superbe.

Le P. Porée. Neilson pinxit, J. Balechou sculpsit ; très-belle gravure.

Ce recueil, dont on peut apprécier l'importance d'après cette notice, contient quarante-huit estampes bien conservées et du premier mérite.

Vous trouverez en outre dans votre bibliothèque :

Insignium Romæ templorum prospectus exteriores interioresque à Jacobo de Rubeis ; bien gravé, bien exécuté.

Il Nuovo Theatro delle fabriche e edifici in prospettiva di Roma moderna, de Gio Jacomo Rossi, 1665.

On connait le mérite et la fidélité de cet ouvrage moins éblouissant, mais moins trompeur que celui de Piranese.

Ajoutez à tous ces objets, pour avoir une notice complète de la collection réunie à la bibliothèque du District, la description du bagne projeté, bâti, dessiné et gravé par Choquet, ingénieur ordinaire de la Marine.

La description des trois formes du Port de Brest, par le même, 1757.

Roma antica di Famiano Hardini, in Roma, 1666, *in*-4°, fig.

Un recueil d'estampes anciennes, des paysages de Perelle, de Silvestre, de Grimaldi bolognèse.

Quelques morceaux d'après Annibal Carrache, d'après Vignon, d'après le Caravache.

Le J. C. et le S. Jean d'Augustin Carrache.

Dieu séparant la lumière des ténèbres, d'après Raphael.

Un petit cabinet, joint aux deux chambres où les livres sont conservés, renferme, outre un amas de livres lithurgiques peu précieux, dix huit estampes sous verre à cadres dorés, dont les principales sont :

Le massacre des innocens par le Brun, gravé par Cl. Duflos.

La douleur par le Brun, gravée par l'Évêque.

La charité de   , gravée par Daullé ; bonne épreuve.

Le Coriolan de Lafosse ; gravé par Thomatssin.

La Suzanne de Vien, gravée par Beauvarlet.

Deux Estampes d'après Vernet.

On trouve dans le même local quatre petits tableaux d'un genre bizarre, d'un coloris luisant, original; ils représentent quatre scènes de société : le jeu, le caffé, un bal, une colation. Ces morceaux dont j'ignore le maître offrent des costumes de la fin du dix-septième siècle ou des premières années du dix-huitième.

En parlant des objets trouvés au District, je décrirai d'autres tableaux, des manuscrits envoyés d'après mon invitation et déposés dans ce petit appartement.

Le lendemain de mon arrivée, je commençai mon travail par les objets réunis dans les salles du District; j'y trouvai :

1°. Le portrait de Kersaint.

Il est assis auprès d'une cascade; il se dessine sur un rocher dont l'ombre est égayée par des feuillages légèrement indiqués, et les branchages d'un grand arbre. Entre cet arbre et le rocher, on apperçoit un bâtiment en mer. L'attitude de Kersaint est bonne; il tient une lettre, une badine. Cette gouache est peu finie, un peu sèche, mais pleine de facilité.

Cadre doré de dix pouces de haut sur huit de large, sous verre.

2º. Le combat de Grimoard commandant le vaisseau le *Scipion* de soixante-quatorze canons, contre le *London* de quatre-vingt-dix-huit, le *Torbai* de soizante-quatorze, une *Corvette* et une *Goelette*. Grimoard resta maître du champ-de-bataille le 15 octobre 1782.

Les trois bâtimens qui combattent sont assez mal exécutés. La lune luit au milieu des nuages; c'est un tableau médiocre, mais historique. Les anglais étalent de pareils ouvrages, non dans le Muséum, mais au Wauxhall et dans les lieux fréquentés par la multitude, dont ils exaltent et la confiance et le courage.

C'est la copie d'un original fait par le ci-devant Marquis de Rosset. Elle a cinq pieds de large sur trois pieds et demi de hauteur. Le cadre doré qui l'entoure est très-riche, des ornements de marine sculptés avec goût le décorent.

3º. Un pélerin vigoureusement dessiné : le caractère de sa phisionomie n'a rien de fin, d'expressif ou de noble, mais il est plein de vérité et d'un coloris admirable. Le nom de Titien Veccelli est écrit derrière la toile. Il y a trop de blanc dans les couleurs pour qu'il soit de ce maître; je le crois de le Moine.

Deux pieds de haut sur un pied neuf pouces de large; cadre doré.

4º. Un livre suspendu aux branches d'un arbre au-dessus de quelques oiseaux; très-bien exécuté, joli morceau.

Deux pieds six pouces de haut, deux pieds de large.

5°. On m'a fait voir au District six grands tableaux roulés, pliés avec peu de ménagement; la peinture en était tellement écaillée, enlevée, qu'on en pouvait à peine distinguer les sujets. On y voyait pourtant quelques têtes jolies, de la facilité, mais sans science et sans génie. Ils appartenaient à la congrégation de Brest.

Voilà ce qu'on a pu sauver des tableaux appartenant aux églises, aux émigrés; les autres ont été vendus, lacérés ou brûlés dans les mouvemens d'un zèle sauvage.

Pour ne point être obligé de revenir à la peinture, je vous parlerai des autres propriétés nationales éparses dans la ville, en commençant par les tableaux dont la Marine a fait présent au Muséum de Paris. Les Représentans en mission à Brest, doivent incessamment les présenter à la Convention. Ils ont été saisis sur un bâtiment anglais qui passait d'Italie en Angleterre.

1°. Deux paysages qu'on attribue à Guaspre Poussin, ouvrages du plus grand style, mélange admirable d'ombres et de lumières, amas d'arbres et de rochers sur lesquels on s'arrête avec cette variété d'impressions que la nature agréable, sauvage, sombre, éclairée cause à l'homme qui sait l'étudier et la sentir. Des scènes particulières, des épisodes étrangers ne troublent pas l'unité de ces impressions champêtres. Vous contemplez avec délices où vous méditez en silence.

Des sentiers cependant sont fréquentés par quelques voyageurs mais sans action, épars dans un espace immense.

Ces tableaux sont d'un coloris plus vigoureux, plus chaud, moins verd que les mille morceaux de ce maître. On dirait que la gravité de Nicolas Poussin en imposait à son élève, quand il composa ces ouvrages.

2°. Les pélerins d'Emaüs qu'on croit du Titien. Jesus-Christ est à table, un des pélerins le reconnaît. La figure du Christ est sèche, sans caractère. J'ai vu le même sujet traité par le Titien, d'une manière plus large et plus grande. Les couleurs de ce tableau sont belles, mais tracassées; je le croirais de la troisième manière du Tintoret, ou quelque pastiche d'un bon maître, de Bassan peut-être.

3°. S. Étienne renversé, les yeux au ciel, voit un groupe de jolis anges qui lui tendent des palmes et des couronnes; son attitude est extatique, des bourreaux le lapident, des spectateurs garnissent la droite du tableau; le fond est enrichi des plus belles fabriques, le coloris, la perspective, tout me plaît dans ce joli morceau; où cependant l'auteur a voulu mettre de la force, je trouve un peu de sécheresse; il était fait pour peindre des enfans et les graces.

4°. Le Buste de la Vierge; ses mains délicates, allongées, arrondies se réunissent sur son sein, des cheveux chatains séparés à la manière des Étrusques, tombent négligemment sur une tunique blanche et sur un manteau bleu, un voile blanc couvre sa tête. Quelle chair, quelles couleurs, quelle bouche de rose! C'est la douceur, la modestie, la sensibilité; c'est la beauté de l'âge d'or, peinte par Raphael dans un jour de printemps, c'est la Reine du ciel adorée par les anges.

5°. Un ange aux ailes étendues tient un lys à la main, sa figure est jolie, des ailes blanches, des cheveux d'un brun éclair, un manteau rouge, une tunique bleue sur un fond brun, offrent dans cette esquisse un joli mélange de couleurs; la main gauche est mal dessiné. On dit ce morceau du Guerchin.

Pour les mettre à l'abri de tout accident, le citoyen Sartory a fait transporter chez lui quelques tableaux appartenant à la nation.

1°. Une sainte famille, belle copie d'après Raphaël. On y remarque la tête de Joseph, les draperies de la Vierge et le corps de l'enfant Jésus. L'enfant tend les bras à sa mère qui l'accueille avec complaisance.

2°. Deux autres tableaux pris à la congrégation, dès lors en mauvais état, abimés depuis par des enfans quand ils furent placés dans l'escalier des Représentans du peuple. Un d'eux offrait la naissance de la Vierge, par Maupérin 1784, plus que médiocre.

3°. Le tableau du maître autel de l'église des sept saints, c'est le martyre des Machabées [1]. Le préteur et

---

[1] Si l'artiste a eu la volonté de représenter le martyre des Machabées, il s'est absolument mépris. Voyez le chapitre VII du livre II des *Machabées*. Il n'y a là ni préteur, ni jeunes enfants tremblants de crainte, ni jeune mère

ses assesseurs sur une estrade ordonnent leur supplice; sur le premier plan, les aînés sont morts. Les plus jeunes dans l'attitude de la crainte sont entraînés par des soldats. Celui qu'on est prêt d'exécuter et qu'un bourreau menace, se jéte aux pieds de sa mère, la presse dans ses bras. Elle s'éloigne en lui montrant le ciel. Les côtés et le fond sont enrichis de fabriques antiques. Colonades, pyramides, ponts couronnés de peupliers. Un ton de couleur un peu fade règne dans ce tableau sans perspective aërienne; si des couleurs plus fortes marquaient les premiers plans, les fonds fuiraient, leurs dégradations seraient mieux observées, ce morceau produirait plus d'effet; la jolie figure de la mère des Machabées est trop jeune et sans noblesse, la draperie qui la couvre est agréablement plissée, les plus petits enfants sont charmants, le groupe du préteur est bien disposé, quoique les personnages en soient trop petits; en général cet ouvrage est bien dessiné, bien composé. Il est de Bounieu.

Je me suis transporté avec le citoyen Alizard, secrétaire du District, chez les particuliers qui possèdent

---

s'éloignant de ses enfants. Le roi Antiochus ordonne seul le supplice auquel les sept Machabées, d'âge viril ou à peu près, se présentent intrépidement l'un après l'autre; et leur mère qui les a encouragés vient prendre leur place.

La description de Cambry fait penser au martyre de sainte Félicité, qui accompagna ses sept enfants devant le préteur et fut suppliciée après eux (an 150). (Voir l'admirable groupe de sainte Félicité et de ses sept enfants peint par Flandrin à la frise de Saint-Vincent de Paul de Paris.) — L'Église honore encore une autre mère de sept martyrs, sainte Symphorose (an 120); mais elle fut martyrisée avant ses enfants.

les deux tableaux de S. Louis, reclamés par la commission des arts.

L'un d'eux, la descente de croix, tableau médiocre malgré l'éloge qu'on en a fait, est chez un particulier, le citoyen Charput, qui l'a payé 70 ou 80 liv.

En bon état, il ne valait pas cette somme; percé d'un coup de sabre, écaillé, plié par la compression de 4 ou 500 livres de lin qui le chargeaient quand nous l'avons trouvé sur une armoire, il ne peut être réparé. Les muséum nationaux ne feront pas une grande perte en le laissant à leurs propriétaires qui l'apprécient, qui le chérissent comme le témoin de leur union matrimoniale, devant lequel ils se jurèrent une éternelle fidélité.

L'ange gardien fut acheté par la citoyenne Plamier; on l'épouvanta, on voulut la dénoncer. On l'accusait d'un crime atroce, elle osait conserver chez elle, arracher à la vengeance de la raison, un monument de la superstition, de l'absurdité de ses pères. Pour échapper à l'effervescence des philosophes qui menaçaient, elle fit couvrir l'ange et la toile d'une épaisse couche de peinture, et les vendit dans cet état au citoyen *** qui s'en servit pour couvrir une échoppe.

J'ai fait ce que j'ai pû pour découvrir un tableau de Boucher, non par respect pour ce peintre de bambochades, mais parce que son ouvrage était anecdotique. Je tiens le fait que je vais vous citer du citoyen Rochon. Maurepas dans sa tournée des ports se rendit à Brest, les Jésuites instruits qu'il n'était pas favorablement prévenu en leur faveur, jaloux politiquement de convaincre le peuple qu'ils étaient bien à la cour du Ministre, imaginèrent de lui demander un tableau pour le maître autel de leur église; il ne put le refuser. Les Jésuites satisfaits se retirèrent en s'applaudissant d'avoir forcé leur ennemi à donner un témoignage public de considération pour leur ordre. Le Ministre à Paris, fait part à Boucher de cette anecdote, de son embarras et de l'obligation d'acquitter sa parole. Boucher imagine de peindre une annonciation dans laquelle la Vierge même était un accessoire; le dos de l'ange très-nu, très-prononcé, devenait l'objet principal du tableau, il réveillait des idées Jésuitiques, rappelait les cent mille épigrames faites sur le goût de ces bons pères. L'ouvrage ainsi conçu fut exécuté, parvint à Brest. Il était annoncé, toute la ville alla le voir; les Jésuites hésitaient, mais, sans manquer à un homme puissant, en place, en crédit, comment ne pas se parer de ses dons? Ils exposèrent à la vénération publique, sur le maître autel de leur église, le présent perfide du ministre, il y resta jusqu'à la destruction de l'ordre.

A la vente de meubles qui se fit aux Jésuites de Brest, un commissaire de la marine acheta ce tableau, s'en servit ingénieusement pour couvrir le plafond de sa salle, et par pudeur fit mettre à l'ange une culotte de goudron.

Dans l'anti-chambre du conseil au District, vous avez une machine pneumatique faite par Monot, artiste de mérite, qui passa dans l'Inde avec les envoyés de Tipoosaïb; elle appartenait à l'émigré Trédern. Le tube de cette machine neuve a vingt pouces de haut et deux pouces de diamètre. Je croirais utile pour conserver cet instrument de l'envoyer provisoirement au cabinet d'histoire naturelle.

Dans les autres appartemens, j'ai trouvé des flèches, des carquois, des tissus d'écorce d'arbres, ouvrages de sauvages, tels qu'en contient déjà le cabinet que je viens de citer.

J'ai réuni une multitude de cartes, d'atlas, d'ouvrages géographiques que vous avez fait porter à la bibliothèque du district; j'en ai le catalogue. Sans le copier, je vous en citerai quelques morceaux, ils vous feront connaître combien cette collection est précieuse.

Cinq cartes plates.

1°. La mer du Nord entre le Texel et Calais, la Hollande, une partie de l'Angleterre.

2°. La Manche depuis Ouessant et les Sorlingues, jusqu'à Calais.

3°. La France, l'Angleterre, l'Espagne, les Isles canaries, les Açores, une partie de l'Affrique.

4° et 5°. Deux cartes de toute la Méditerranée. Ces cartes sont imprimées à Amsterdam, par J. Van Keulen.

Une carte très-belle de l'Océan atlantique sur toile, faite en 1786.

Plan of the British Channel, etc., belle carte de Thomas Jefferys, *London*. 1778, grande, bien conservée, de six pieds cinq pouces de large, sur trois pieds de haut.

Chart of the N.-W. Coast of america, and the N.-E. Coast of *Asia*. 1778 and 1779. Très-belle, coloriée.

A Plan of the Docks Slips and Dok Yart constructing at Calcutta, By Henry Watson; très-beau.

Cent autres de cette importance, des Neptune, des Atlas, etc.

Des plans, des cartes faits à la main, carte sur velin de trois pieds et demi de hauteur sur deux pieds quatre pouces de large.

Descripcion dellas costas de Tierra firme de la mexica septentrional, 1742, coloriée.

Carte particulière du golfe du mexique sur velin, coloriée.

Carte à la main de la Rade de Dunkerque en 1691.

Des cartes lavées, très-soignées de la colonie de Berbice, et des plantages situés le long des deux rivières de Berbice et Canie.

Copie d'une carte figurative de la colonie de Québo.

Plan de l'embouchure de la rivière Démerary, levé en 1782; joli, colorié.

Plan de la nouvelle ville de Lonchamp et autres plans de la colonie commandée par Kersaint.

Je ne vous parle pas de plans de vaisseaux, de desseins d'aménagement, de description de machines qu'il serait bon de consulter. Je passe à cette grande quantité de mémoires destinés à faire des cartouches, que j'ai séparés des charretées de papiers qui les couvraient; ils ont été laissés par les vaisseaux destinés pour la Guadeloupe; je les ai sauvés pour l'instruction générale, pour enrichir votre bibliothèque, c'est la récompense du long, du pénible et fatigant travail que je poursuis. Ces mémoires relatifs à la marine sont le fruit de deux cents ans d'expérience; il eut été malheureux de les perdre, dans un moment sur-tout où nous voulons donner à nos flottes d'habiles officiers, où des milliers de jeunes gens ont besoin de guides et de conseils, ont besoin d'étude et de théorie, de théorie sans laquelle, malgré les cris de l'ignorance, nous n'aurons jamais de succès sur la mer.

On y trouve des journeaux où l'on ne se borne pas à rapporter sèchement les mouvemens de l'air, de la boussole et de la mer et du sillage des vaisseaux; on y parle des côtes, de leur figure, des rades, des productions du pays, des mœurs des habitans; on y désigne la conduite que l'esprit des indigènes indique aux vaisseaux qui veulent commercer, les excès, les maladies qu'il faut éviter, les coups de vent qu'on y doit craindre.

On y trouve la description de nos principaux ports, les moyens de les approvisionner, de les rendre plus sûrs et plus forts.

Des projets de Vauban contre l'effet des bombes, sur ce qu'il faut pratiquer dans une ville bombardée.

Des détails sur les matières que peut employer la marine, des règlemens utiles aux hôpitaux.

Des mémoires sur l'artillerie, sur l'exploitation des bois, sur toutes les parties de la marine.

Beaucoup de récits historiques sur les opérations de nos armées navales dans toutes les contrées, des descriptions des côtes de l'Afrique, de l'Inde, des Isles de l'Archipel.

Des traités sur les accidens imprévus de la mer et sur la manière de les éviter.

Deux cent cinquante mémoires enfin qui sans doute ne sont pas des chefs-d'œuvres, mais qui peuvent être infiniment utiles; ils ne sont pas l'ouvrage des littérateurs, d'hommes de génie; ils sont le résultat d'une longue pratique, et de ces connaissances de détail qui souvent échappent aux calculs de l'imagination, qu'on ne devine pas dans le repos du cabinet, et que les hazards de la mer apprennent à ceux qui la parcourent.

En terminant ce long article, je vous parlerai d'un atlas des terres de Kerguilio et de Lanilis appartenant à Charles-François Christian de Montmorency Luxembourg; il fut fait en 1763 et 1764 par Delafay. Cet ouvrage est à conserver comme un monument d'ordre et de patience; les champs y sont décrits avec exactitude, leur produit calculé, des tableaux instructifs le terminent; si l'on faisait un cadastre général de la France, ce serait un modèle à suivre. Je vous invite à le faire porter à la bibliothèque, si vous ne le gardez pas dans la salle de vos archives.

Salle de l'Académie de Marine.

Un décret de la Convention nationale du 27 pluviôse, an 2ᵉ, n° 2177, » porte que les bibliothèques » et les instruments relatifs à la marine, resteront » dans les ports où ils sont actuellement rassemblés ».

Je suis convaincu, d'après ce décret même, qu'on prendra le parti de réunir à la bibliothèque du District, les livres de cette académie qui ne sont pas directement destinés à la marine. Je me fonde sur la nécessité qu'un seul local renferme tous les livres du District, c'est le moyen d'épargner des frais de gardien et de bibliothécaire, c'est éviter aux amis de l'étude la peine de se transporter d'un lieu dans un autre pour éclaircir un fait qu'ils veulent examiner.

Observez d'ailleurs qu'on n'entre dans le Port qu'avec un billet de l'agent maritime, et que par cette cause les livres de l'académie ne sont pas à la disposition du public. Le local de l'académie de marine est étroit, humide, obscur. Le silence qu'exige l'étude est détruit par le mouvement du Port, par le bruit des marteaux, des haches, des forçats. Il est dangereux d'y faire du feu, et les livres, les instrumens s'y gâtent, s'y corrompent.

Pourquoi, puisqu'un décret ordonne d'élever un observatoire à Brest, ne pas profiter du local indiqué pour l'établir?

Pourquoi ne pas y joindre quelques corps de logis où l'on réunirait vos diverses collections de livres? Une salle où les instrumens seraient placés avec décence, un logement où les observateurs, les bibliothécaires seraient commodément logés, un lieu peut-être où des professeurs de tout genre instruiraient, éclaireraient, appelleraient à leurs leçons, offriraient aux enfans, aux hommes faits, à toutes les classes de l'État, les lumières si nécessaires sans lesquelles l'État républicain ne peut long-tems se soutenir. Laissons les idées mesquines, rétrécies, barbares, qui calculent la dépense de pareils établissemens. Étendons nos idées sur l'avenir et jouissons, pour dédommagement de nos sacrifices, de la bénédiction de nos enfans, des éloges de la postérité et du bonheur que nos efforts prépareront à l'univers.

Après cette disgression que je vous prie de pardonner, je vais vous faire connaître les richesses de la ci-devant académie de marine fondée pour la première fois en 1752, renouvellée le 24 avril 1769.

Instrumens déposés à l'Académie de Marine.

Ils sont au nombre de soixante-un; la Peyrouse, Dentrecasteaux, d'autres officiers en possèdent une grande quantité qui malheureusement ne reparaîtront point, *peut-être*.

Les soixante-un instrumens qui vous restent et dont j'ai pris note, sont des meilleurs maîtres.

Dollond, Berthoud, Ramsden, Gallonde, le Mercier, Blondeau, Canivet, Bernier, Bird, Baradel en sont les maîtres; il en est de très-précieux :

1º. Le quart de cercle de trois pieds de rayon de Canivet.

2º. Un secteur astronomique de deux pieds de rayon.

3º. Un micromètre de Canivet.

4º. Un microscope double, de quinze pouces de tube et de deux pouces de diamètre.

5º. Une lunette achromatique de cinq pieds et demi.

6º. Une lunette de dix-huit pieds de long, dont l'objectif a trois pouces de diamètre.

7º. Des pendules de Berthoud.

8º. Le Théodolite enfin de Dollond, instrument compliqué, mais riche, bien conservé, dans le meilleur état, etc., etc.

J'observerai que l'académie s'est procuré toutes ces pièces et la bibliothèque que je vais vous faire connaître avec un traitement de 4800 livres par an, sur lequel on prélevait encore les jettons donnés aux académiciens pour leur droit de présence.

Bibliothèque de l'Académie de Marine.

On s'apperçoit que cette collection ne s'est point formée au hazard; elle n'est pas un amas confus de livres rassemblés sans choix; le goût, l'intelligence la composèrent.

Si, comme ailleurs, j'avais voulu copier les titres de ces ouvrages marquans, j'aurais été contraint d'en copier tous les titres.

Les mathématiques, la physique, la médecine n'y laissent presque rien à désirer. Les livres dans les autres parties, sont les meilleurs qu'on puisse avoir dans leur classe respective; on y trouve de grandes collections, les actes de Léipsic, les mémoires de l'académie des sciences auxquels sont réunis les mémoires des savans étrangers, les transactions phylosophiques, les mémoires de Petersbourg, de Berlin, les mémoires de Bologne, ceux de la société italienne, ceux de Lauzanne, les mémoires de l'académie des inscriptions et belles-lettres; on y possède la grande édition de l'encyclopédie, l'encyclopédie par ordre de matières, le voyage d'Houell en Sicile, le voyage en Grèce de Leroy, le tableau de la France, les voyages de Cook, de Banks, la collection de l'abbé Prévost, les voyages de Fleurieu, de Verdun de la Crenne, ceux de Pallas, etc.

Je vous renvoie au catalogue imprimé pour juger les six ou sept mille volumes de cette collection. Je ne peux m'empêcher, en terminant cet article, de rendre hommage aux soins, aux lumières, à l'activité du citoyen Duval, professeur de mathématiques, à Brest, membre de cette académie. C'est à son intelligence, à son économie, à ses recherches, qu'on doit cette bibliothèque si bien choisie; c'est à des hommes de son espèce qu'on doit avoir recours dans les momens où l'on veut redonner à la nation le goût des arts et des sciences sans lesquels tout gouvernement s'anéantit.

Salle des Modèles de l'Académie.

Cette salle renferme des modèles de vaisseaux, de frégates, de mâtures, de pompes à incendie, de machines à curer; l'appareil nécessaire pour faire remonter un vaisseau sur la calle, à force de bras; l'appareil à l'aide duquel on construisit le fameux bassin de Toulon, et le modèle de ce bassin; des pompes, des moulins, des ventilateurs, une multitude enfin de machines qu'un gardien se contente de nommer, et que sans cesse un professeur devrait décrire, expliquer, composer ou décomposer pour ses élèves dans un plus vaste emplacement.

Mémoires et Manuscrits de l'Académie.

L'académie de Marine fit imprimer en 1773 le premier volume in-4° de ses mémoires, à Brest, chez le citoyen Malassis. Il contient des mémoires de Marguerye sur différentes matières; son traité sur la résolution des équations en général et particulièrement sur celles du cinquième degré, le font placer à côté des premiers mathématiciens.

On y trouve des mémoires de Daprès de Mannevillette, de Duval le Roy, de Blondeau, de Verdun de la Crenne, de Thévenard, etc.

Une multitude d'autres morceaux, produits par les membres de l'académie et par leurs associés, pourraient fournir encore quelques volumes intéressans peut-être; c'est ce qu'il serait important de faire examiner. En tout état de cause, ils seraient propres à la jeunesse, pourraient développer des idées, indiquer des moyens utiles à la marine, aux mathématiques, à toutes les parties du génie. Un extrait bien fait de ces ouvrages livrerait probablement à la lumière des idées qui se perdent dans des cartons que personne ne peut entr'ouvrir.

Je pourrais vous citer ici les titres que j'ai copiés de plus de deux cents mémoires, je les ai parcourus; tous ont un but avantageux au bien général, au bien particulier de la ville de Brest; vous y verriez,

Des traités élémentaires pour l'artillerie de marine, sur les manœuvres;

Un rapport sur les méthodes proposées pour conserver l'eau douce sans altération dans les voyages de long cours;

Un essai sur le caractère et l'importance de l'homme de mer;

Une notice sur la marine des peuples anciens et modernes;

Des apperçus sur la connaissance de tous les détails de nos côtes;

Des conjectures sur la manière de creuser les rivières et les ports;

Une méthode simple et exacte pour déterminer le changement en longitude sur le quartier de réduction, connaissant la différence en latitude et l'angle de la route;

Les réglemens de la marine de Dannemark;

Les moyens de préserver du naufrage une partie des vaisseaux qui sont jettés à la côte.

Vous y verriez des voyages, des descriptions d'instrumens, de machines, des procédés simplifiés, des relations de combats, etc. Il faudrait copier ici tous les titres que j'ai sous les yeux (et que voici), pour vous donner une idée de la variété, de l'intérêt des ouvrages dont je vous parle. Je ne doute pas que le comité d'instruction n'ordonne une révision de toutes ces pièces, et dans peu ne s'en fasse faire un rapport;

je ne connais personne qui soit plus en état de l'entreprendre et de l'exécuter que le citoyen Duval, professeur de mathématiques à Brest.

Dans un moment où tout le monde, où le Représentant Grégoire surtout, demande un dictionnaire de marine ou les moyens de l'achever, les recueils dont je viens de vous entretenir deviennent d'une grande importance. Long-temps l'académie s'occupa de ce dictionnaire, ses membres se chargèrent d'une suite de mots sur lesquels ils travaillèrent, sur lesquels ils donnèrent des résultats. On sentit que ces morceaux détachés ne formeraient jamais un tout, si quelques commissaires n'étaient nommés pour les réunir, pour les classer. On les nomma; bientôt ces individus voulurent s'approprier la totalité du travail de leurs collègues (c'est la marche ordinaire de l'homme en de pareilles circonstances). Ils décidèrent que le nom des auteurs ne serait point placé à la fin des mots qu'ils auraient traités; l'humeur, l'amour-propre agirent, on retira les notes fournies, le travail général fut interrompu.

Il existe cependant parmi les papiers dont je viens de vous parler, une quantité considérable de fragmens du dictionnaire qui pourraient servir à le compléter: Un de ces fragmens porte le dictionnaire de marine, de la lettre *A* jusqu'au mot *Fourrure*, un autre jusqu'au mot *Duplicata*.

Dans les cahiers, destinés à faire des cartouches et

que vous avez fait porter à ma sollicitation à la bibliothèque du district, on trouverait encore plusieurs morceaux, de grands détails sur les mots si variés qu'on emploie dans la marine.

Ceux qui conçurent ce dictionnaire, donnèrent peut-être trop d'extention à leur travail; j'ai vu, sous le mot *Austral,* une longue dissertation sur les terres australes; au mot *Antilles,* une description des Antilles. Il ne faut pas au mot *Amiral,* faire une histoire des amiraux de France, au mot *Géographie,* donner une description du monde, au mot *Ciel,* un traité sur les astres. En suivant cette marche dans un dictionnaire quel qu'il fût, le mot épinglier déterminerait à faire une histoire universelle. Je crois qu'en s'aidant des dictionnaires déjà faits, en réunissant les morceaux que je viens d'indiquer, en invitant les hommes qui peuvent avoir travaillé sur la marine à fournir leurs notes, en nommant sur-tout un seul individu pour rassembler, classer tous ces matériaux, on formerait le livre qu'on désire. Les ouvrages entrepris par des sociétés sont toujours imparfaits : l'encyclopédie, etc., etc., nous le démontre.

Mais pour servir les marins comme ils doivent l'être, après avoir donné avec précision la définition des mots de la marine, joignez-y, si vous le croyez utile, toutes les dissertations, tous les commentaires imaginables.

Du Jardin botanique.

En 1768, Courcelles et Poissonnier obtinrent du ministre l'établissement d'un jardin botanique à Brest. Ils le destinaient à l'éducation des jeunes médecins, des jeunes chirurgiens de la marine, au service des hôpitaux, à l'instruction en général.

En 1771, il ne contenait qu'environ deux cents plantes indigènes; quand le citoyen Laurent fut chargé de sa direction, il était resserré dans des limites qui ne permettaient d'entretenir qu'environ neuf cents plantes.

En 1780, ce terrain fut doublé; le citoyen Laurent, sans frais, à l'aide de forçats qu'il dirigeait, fit construire une orangerie, une serre chaude, se procura des chassis vitrés, fit élever une galerie pour y placer des plantes desséchées, et le pavillon qui renferme les objets d'histoire naturelle, qu'il sut se procurer à force de demandes, de recherches et d'intelligence.

Parcourons ces divers entrepôts, je vais essayer de vous les faire connaître, de vous en donner au moins une idée; il faudrait pour les décrire entièrement copier toutes mes notes et ce travail serait trop long.

Galerie des Plantes desséchées.

Cette salle a quarante-deux pieds de long, dix pieds de large, quinze pieds d'élévation; elle est éclairée par dix ouvertures, six cent cinquante plantes sous verre en tapissent les murs; elles furent données par le citoyen Laurent qui les a pressées, soignées, encadrées; elles devaient servir aux cours d'hyver que les professeurs se promettaient de donner au public.

Ces plantes ne sont point classées, numérotées, des étiquettes n'en font pas connaître les noms, leur catalogue n'est pas fait; les momens du citoyen Laurent sont tellement employés qu'il n'a pu s'occuper que des soins matériels qu'exige la culture des plantes.

Vous donner vaguement le nombre de six cent cinquante plantes rares n'est pas vous donner une idée précise de leur mérite.

En parlant de l'escadre qui vient de quitter nos rivages, je ne ferais pas connaître sa puissance, ses forces, si j'oubliais de citer la quantité de vaisseaux à trois ponts qui la composent. D'après ce principe, j'ai l'habitude de désigner les objets curieux des cabinets, des collections que je décris. Passez-moi quelques sèches nomenclatures en faveur du but qui me guide, et du désir de ne rien laisser d'incertain dans mes descriptions.

Les plantes desséchées les plus curieuses de la galerie dont je vous entretiens, sont :

       Phitolacha d'Amérique.
       Le benjoin de l'Inde.
       l'Amaranthe du Gange.

Le camara de l'Amérique.
Des antholes d'Éthiopie.
Des ambrosia du Pérou.
Le laurier sassafras de l'Inde.
Le dictame de Crête.
La bulbonac de la Chine.
L'arbre d'argent de l'Inde.
Le thé.
Le rivina de l'Amérique.
Des asperges d'Afrique.
Le houx de la Caroline.
La jusquiame du levant.
Le morocinia de l'Amérique.
L'érable de Candie.
Le caratas.
Des eugénia-jambos de l'Inde.
La coma aurea de l'Amérique.
La Comélina africana.
Le Sida des Indes.
L'alstroéméria ou le lys des Incas.
La datoda ou noyer de l'Inde.
L'astragale du levant.
Des plombago d'Amérique.
Le saracenia des Indes.
Des malpighia de l'Inde.
Le bethel des arabes.
Le sabestier de l'Inde.

Jardin des Plantes.

L'étendue totale des divers jardins, en y comprenant tous les bâtimens dont j'ai parlé, est d'environ onze cent cinquante toises carrées. Le jardin principal a trente-deux toises trois pieds de longueur, sur seize toises cinq pieds de large; il est divisé en trente-sept planches, un bassin de douze pieds lui fournit les eaux nécessaires aux arrosements.

Trois autres terrasses, séparées par les cabinets d'histoire naturelle et des plantes desséchées, servent à recevoir les plantes aquatiques et les plantes d'orangerie dans la belle saison.

Les plantes de ces jardins sont au nombre de deux mille cinquante; onze cent cinquante indigènes tant vivaces qu'annuelles et cultivées en pleine terre.

Quatre cent quatre-vingt exotiques, en pleine terre.

Quatre cent vingt exotiques tant d'orangerie que de serre chaude.

Plantes en pleine Terre.

Atriplex halimus.

Rhus texicodendron glabrum, a douze pieds de hauteur.

Polygonum cirrhosum, a dix pieds de haut.

Brassica oleracea sylvestris.

Liriodendron tulipifera, bel arbre qui ne fleurit pas à Brest.

Campanula medicum.
Acanthus mollis. } *belles fleurs dans l'été.*

Rheum rhabarbarum, *Un seul pied en a fourni jusqu'à vingt liv.*

Phlomis fruticosa, *elle est ici de la plus grande beauté.*

Passiflora cærulea, *donne chaque année des pousses de douze pieds.*

Chélidonium glaucium, *de trois pieds de diamètre.*

Bubon galbanum, *à tiges de dix pieds de hauteur.*

Mélianthus africanus, *plante superbe, fleurit tous les ans.*

Antropa Physaloïdes, *de six à sept pieds.*

Ephédra distachia, *toujours verte.*

Senecio doria orientalis,
Rudbekia laciniata, } *Superbe de huit à neuf pieds.*

Helianthus strumosus.

Heraclium sibiricum.

Lilium canadense, *il donne vingt fleurons sur une seule tige, fleurs superbes.*

Juniperus virginiana,
Lycium europeum, } *En espalier ils garnissent plus de douze pieds de surface.*

Hédera quinque folia, *garnit un mur de dix-huit pieds de hauteur.*

Digitalis purpurea.

Ambrosia trifida.

Budlegia orientalis.

Robinia hispida.
Coronilla emerus, etc.

Plantes de Serre chaude.

Caffés. Des plans de huit ans ont sept pieds de hauteur et commencent à donner des fruits.
Palmiers dattiers.
Tamarins.
Mimosa lébec.
Mimosa angustisiliqua.
Jatropa lobata.
Jatropa multifida.
Solanum verbascifolium.
Idem coccineum.
Idem bifolium.
Verbena jamaïcensis.
Gossipium arboreum.
Rivina octandra.
Cactus rosea, *à feuilles de dix-huit pouces de longueur.*
Calla œthiopica.
Cacalia acetosella.
Crassula decumbens.
Hemanthus coccineus.
Achyrantes argentea.
Ornithogalum longi bracteatum.
Portulaca racemosa.

Cotyledon portulacoïdes, *forme un buisson de trois pieds de diamètre.*

Mesembrianthemum nucinatum.

Agave vivipera.

Adianthum pedatum.

Aletris capensis.

Amaryllis bella dona; *elle donne tous les ans de superbes fleurs au nombre de dix à douze sur une hampe de quinze à dix-huit pieds de hauteur*[1].

Cacalia antheuphorbia, etc., etc.

Plantes d'Orangerie.

Agave americana.

Idem variegata.

Arctotis plantaginea.

Morea chinensis.

Cineraria maritima. *En fleur tout l'hyver.*

Justicia adathoda.

Idem hissopifolia. *Ce dernier est en fleur.*

Rhus tridentatum.

Ruscus androginus. *Donne des sarmens de six pieds de long.*

Myrica cerifera.

Idem caroliniana.

Bruyère du Cap. *En fleur toute l'année.*

---

(1) Le mot *pieds* écrit sans doute par erreur au lieu de *pouces.*

Medicago arborea.

Jasminum odoratissimum. *En fleur tout l'hyver.*

Asclepias fructicosa. *Les fruits décorent la plante pendant tout l'hyver.*

Coluthea frutescens.

Solanum bonariense.

Eleagnus angustifolius, *il ne fleurit pas ici.*

Vous observerez que la mesquinerie qui règne sans exception dans tous les établissements de Brest, deshonore ceux que j'essaie de vous faire connaître. Des plantes de serre chaude auraient besoin de cinq à six dégrés de chaleur; elles ne se développent point, elles languissent décolorées; décacalia anteuforbia plein de vigueur ne fleurit pas (cette chaleur nuirait à d'autres plantes de cette serre).

Les caffés, les palmiers, les tamarins auraient besoin de grandes caisses et sont comprimés dans des pots; un cierge du Pérou de quinze pieds de hauteur et de dix-huit pouces de circonférence, est renfermé dans un pot de neuf pouces de diamètre. On est contraint d'élaguer le Colyteledon portulacoïdes qui reçoit la plus vigoureuse extension.

Lochiranthes, Lastachas Serratea, le yonca, la verbena nodiflora, le sida indica, l'hyosciamus aureus, souffrent de n'être pas en serre chaude, faute d'un local assez spacieux pour les contenir, elles sont placées dans l'orangerie.

On est contraint de mettre sous chassis la citise des

canaries, le thérebinthe, des cistes, la coluthea frutescens, des myrica, etc.

Ainsi tout périclite, rien ne reçoit l'accroissement, la beauté, la vigueur naturelle, parce qu'une honteuse parcimonie, une imprévoyance impardonnable, un défaut de grandeur dans les idées du vieux régime, arrêtait tout, détruisait tout. Nous touchons à l'époque où l'on sentira que les petits moyens d'épargne sont ruineux pour un état, où toute entreprise utile recevra l'étendue dont elle est susceptible dès son principe, où l'on cessera d'imiter les grands du temps passé qui ne bâtissaient que pour vingt ans, qui préféraient un kiosch, un treillage, une sèche charmille aux jardins de l'académie, aux colonnades, aux portiques de la Grèce et de l'Italie.

Cabinet d'Histoire naturelle.

C'est encore au citoyen Laurent qu'on doit les pièces qui composent le cabinet d'histoire naturelle, annexé au jardin des plantes; avec quelque secours il eût pu l'augmenter. Tel qu'il est, il peut donner à des élèves une connaissance étendue des minéraux, des coquillages et des produits si variés de la nature.

A la destruction de l'école des gardes de marine, des pièces qui décoraient leurs salles ont été portées au citoyen Laurent qui les a conservées avec ce soin, cet amour pour les sciences que démontrent sa conduite, sa conversation, l'ordre de tous les objets confiés à sa surveillance.

Dans un cabinet qui précède le grand sallon, on voit un tableau donné par le ci-devant Roi en 1787 à Lamothe Piquet, lieutenant-général qui sortit du fort de la Martinique avec trois de ses vaisseaux pour couvrir l'entrée d'un convoi français, et combattit l'escadre d'Angleterre composée de treize vaisseaux. Elle était sous les ordres de l'Amiral Hideparker, le 18 décembre 1779. C'est encore une copie d'un tableau fait par le Marquis de Rossel en 1787. Ce tableau historique dont l'action, le cadre et le trophée qui le surmonte, font tout le mérite, servirait de pendant à celui que j'ai décrit au commencement de cette notice.

Le premier plan présente les glassis du fort de la pointe aux nègres. M. de Bouillé commande et les canons sont disposés pour protéger les Français.

Les vaisseaux de Lamothe Piquet couvrent le second plan. L'escadre anglaise, des montagnes qui se perdent dans le lointain, en adoptant la teinte jaunâtre du ciel, garnissent le fond du tableau.

2°. Une gravure sous verre à cadre doré, c'est le combat de la *Surveillante* et du *Québec*.

Georges Carter pinx. Jean Caldivall sculp.

3°. Deux belles pendules en cuivre de Ferdinand Berthoud dont les tambours ont cinq pouces de diamètre.

Passons au Cabinet d'Histoire naturelle.

Les premières armoires renferment environ cinq cents volumes. L'encyclopédie, Buffon, les voyages de Cook, peuvent avoir quelque rapport avec les objets renfermés dans ce cabinet. Il serait à souhaiter qu'on y joignit des livres de botanique, de conchiliologie, de métallurgie qui ne s'y trouvent pas, et qu'on fit transporter à la bibliothèque du district le reste des ouvrages précieux qui s'y rencontrent, on ne sait pourquoi. Ils traitent de matières étrangères à l'histoire naturelle.

Ce sont des atlas.

Des principes sur le mouvement et l'équilibre.

Le Neptune americo-septentrional, depuis le Groenland jusqu'au golphe du Mexique inclusivement.

Un recueil des combats de du Gai-trouin, dessiné par Ozane.

La description géographique des Antilles possédées par les Anglais.

Les élémens d'astronomie de Cassini.

Les tables astronomiques de la Hire, etc., etc.

Je ne vous conduirai pas d'armoire en armoire. Je vous éviterai la lecture des notes que je mets sous vos yeux ; mais selon l'usage dont je ne peux m'écarter, je vous parlerai des morceaux les plus curieux de votre collection d'histoire naturelle.

1°. On y voit des vases, des instrumens industrieusement exécutés par des Sauvages.

2°. Des gommes, des bitumes et quelques produits volcaniques.

3°. Des plantes marines, des bois pétrifiés, des mousses.

4°. Des fossilles des environs d'Angers.

5°. Des cristaux spatiques assez brillans.

6°. Une belle suite de coraux blancs.

7°. Un morceau de cristal de Madagascar d'un pied de long sur huit pouces de large.

8°. Quelques boîtes de petits coquillages de toute espèce.

Des pinnes marines, palourdes, bouches d'argent, des vis, des porcelaines, de forts jolis cadrans, de belles harpes, l'arabique, la souris, une porcelaine rare, brune, veinée, d'un blanc terne, en zig-zag, mêlée de jaune, très-curieuse, des oreilles de malabares, bonets chinois, le tigre.

9°. Des spaths calcaires, des ardoises herborisées, chargées de pyrites, ardoise sur laquelle est imprimée la forme d'un poisson. Ces objets viennent d'Angers.

10°. Plusieurs morceaux de mines de fer, de plomb, des cristaux, plomb gris, prismatique, stéatite avec marcassites cubiques, des pierres de quadry.

11°. Des montres d'agathe, de marbre, de lapis lazuly, d'aventurines, de jaspe et de sables, des lépas, des huitres épineuses bien conservées.

12°. Manches de couteaux, becs de canard, le manteau ducal, beau morceau ; concha veneris, moule perlière, des peignes, de beaux marteaux, l'hirondelle, des araignées, corail blanc sur une huitre feuilletée, couleur de chair, joli accident; nid curieux de guêpes de Caienne, des cœurs, des rochers, l'arche de Noë, tête de beccasse, le pavillon frangé, des tonnes, crabes, casques, nautiles, des oursins, etc.

Les basses armoires du cabinet contiennent des animaux et des poissons.

1°. La mole.

2°. Une morue à laquelle on a prêté la forme d'un dauphin, charlatanisme de marin.

3°. Une vache marine.

4°. Un requin, une machoire de requin ; elle a quinze pouces de diamètre.

5°. Le marteau, poisson.

6°. La flutte.

7°. Un lézard, un caméléon de deux pieds dix pouces de long.

8°. Plusieurs serpens, un d'eux a douze pieds de longueur, deux serpens corails.

9°. Des caymans.

10°. Le paresseux.

11°. Des animaux plus communs empaillés.

12°. Une chauve-souris de vingt pouces d'envergure. Une chauve-souris de Cayenne de quinze pouces, la peau du crane et la chevelure d'un orang outang dont on a fait un bonnet; il a huit pouces de diamètre.

Vingt-cinq phioles à l'esprit de vin contiennent des bizarreries d'histoire naturelle, des poulets d'inde à deux têtes, un poulet à quatre pattes, un petit monstre humain à tête de singe, dont la bouche est fendue jusqu'aux oreilles.

Passons aux oiseaux contenus dans le même cabinet.

Ces oiseaux en général ne sont pas dans un bon état, je ne connais que deux collections de ce genre qui méritent des éloges; je n'en excepte ni celle du muséum national, ni celle du muséum de Londres. Spreugly de Berne et le chevalier Aston Levers en Angleterre ont su conserver seuls un air de vie, l'éclat de leurs couleurs aux oiseaux, aux animaux qu'ils ont fait empailler.

Les oiseaux dont je vais vous parler, viennent en grande partie de Cayenne.

1º. Le petit pipit bleu, ainsi nommé de son cri; il est de la plus jolie forme, le noir, le bleu, le bleu de ciel se mélangent agréablement sur ses ailes, sous sa gorge; le dessus de ses ailes est d'un gris soyeux, son ventre est d'un beau jaune; il a cinq pouces six lignes de long.

2º. Le grand colibri à ventre de feu; une nuance d'or et d'émeraude lui sert de gorgeret; le rubis n'a pas l'éclat de sa palatine; le brun, le vert doré forment le reste du plumage de ce bel oiseau ; il a six pouces de long. J'oubliais quelques plumes blanches éparses avec ménagement sur la totalité de ce brillant animal, et surtout cette bande noire qui sépare le gorgeret d'une teinte violette qui se mêle au feu de sa palatine.

Parmi dix espèces de colibri, je n'en décrirai que cinq.

3°. Le colibri à gorge blanc de neige, au dos vert ; ses ailes sont diaprées de gris, de bleu, de noir, sans que ces couleurs soient tranchantes. Quatre pouces six lignes de longueur.

4°. Le rubi topase, couleurs brillantes, que des plumes d'un gris foncé font ressortir. Trois pouces neuf lignes.

5°. Un autre colibri ; sa gorge est d'un vert d'eau doré, son ventre d'un violet éblouissant ; ces deux couleurs se fondent sur le dos, les ailes et la queue sont d'un brun varié. Quatre pouces six lignes.

6°. Un petit colibri ; toutes les couleurs se mélangent sur sa robe.

On peut, en rapprochant ces cinq espèces, se procurer une arriette d'un concert du père Castel (qu'on me pardonne cette expression), et voir un abrégé des plus vives couleurs du microscope solaire. Je les ai vues quelquefois réunies sur l'immortel à S. Domingue.

7°. Le petit louis, espèce de bouvreuil, mais plus léger, plus délicat de forme que ce dernier oiseau ; il a le ventre jaune et le dos bleu ; entre ses yeux, pleins de vivacité, est une touffe d'un jaune d'ocre; il a quatre pouces six lignes.

8°. Le mannequin à tête rouge, le mannequin à tête jaune.

9°. Deux grimpereaux, l'un à pattes rouges, l'autre à pattes jaunes; ils différent peu des colibris; le noir, le violet, le bleu de ciel, se nuancent sur ces oiseaux. Cinq pouces de long.

10°. Le tangara au bec d'argent, d'une couleur fauve, au dos maron, son bec est fort et nuit à sa beauté. Six pouces six lignes.

11°. La pie à ventre de biche porte sur la tête une aigrette d'un jaune pâle, elle a deux bandes rouges aux deux côtés du bec, quelques nuances jaunâtres coupent l'uniformité de son plumage.

12°. Le flamand, l'aigrette, le grand penicoptère des indiens; cinq variétés de contingas de Cayenne; des toucans; le ramier pintade de Cayenne; le paon des paletuviers, le plumet blanc de Cayenne parent cette collection.

13°. Le plus singulier de ces animaux est le camoucle de Cayenne; il est fort et robuste comme un grand aigle, et de la couleur de cet oiseau, mélangée de blanc et de brun; il porte sur le front une corne de neuf lignes de long, ses ailes sont armées de deux défenses, placées près de la poitrine; elles ont un pouce de long, six lignes de large et sont triangulaires; le cou de cet animal est trop gros, il a quatre pouces de diamètre et un pied de long; sa tête est petite, c'est celle du dindon; il n'annonce pas plus d'intelligence; les armes dont il est pourvu ne peuvent nuire; il paraît trop lâche, trop stupide pour les employer; ses pates sont longues et fortes, ses griffes peu recourbées, c'est en général un mélange, une caricature de la force et de la faiblesse; il a deux pieds sept pouces de bec en queue, trois pieds de haut; sa poitrine, sans y comprendre l'épaisseur des ailes, a dix pouces de large, sa tête n'a pas un pouce de diamètre et son bec est sans caractère.

Je ne vous parle pas de quelques squelettes, de nids qui se trouvent épars dans les différentes armoires de ce cabinet.

On y voit encore quatre globes, deux octans, six lunettes, deux graphomètres, etc.

Tels sont les objets renfermés dans le cabinet d'histoire naturelle du jardin des plantes.

On a dû s'appercevoir qu'en général les terres en culture ne peuvent suffire aux vues nationales.

Dans la partie du nord-nord-est de ce jardin, existe un emplacement de huit cent-soixante toises quarrées, appartenant à des particuliers de Brest, qui consentent à le céder à la Nation; ils en tirent annuellement dix-huit cent quarante-deux liv. La République ne négligera pas sans doute l'acquisition de ce terrain; on pourrait y cultiver des pépinières, y multiplier des élèves qu'on répandrait dans les districts et les départemens voisins, des arbres de la nouvelle Angleterre sur-tout qui supportent aisément le climat de la ci-devant Bretagne, et qui décoreraient, enrichiraient le sol de la République; on pourrait y cultiver et perfectionner les légumes d'usage, en obtenir des graines qu'on répandrait par-tout, et y multiplier des plantes médicinales que les hôpitaux sont obligés de chercher au loin dans les campagnes et que souvent on ne peut y trouver.

On est dans l'usage de faire un cours de botanique au jardin des plantes; il est professé communément par le premier médecin de la marine, les citoyens Courcel et Vigier se sont distingués dans cette carrière. Ce cours dure cinq semaines, il se fait en juin et juillet; qu'est-ce qu'un cours de cinq semaines dans la ville de Brest? que fait sur les places publiques, dans les caffés, aux cabarets, dans des antres qu'on ne peut nommer, cette oisive jeunesse dont l'existence est une immoralité quand elle n'est pas employée? Si dans les lieux les plus fréquentés de la ville, des professeurs, des philosophes parlaient morale, faisaient des expériences physiques, appelaient dans leur cabinet par les ingénieux et brillans procédés de la chimie; si les obscurités de l'histoire, de la politique et du commerce étaient développées par des hommes instruits; si les lois étaient commentées, etc., etc., doutez-vous qu'insensiblement on ne conduisit les hommes à l'amour du bien, à l'amour des sciences et de l'étude? Doutez-vous que toutes les parties d'utilité générale ne se vivifiassent par ces établissemens ? O ! ma patrie, ma chère patrie ! Je le répète, parce que cette idée m'occupe, m'obsède. O! ma patrie, Représentans du peuple, servez les sciences et les arts, arrêtez les progrès des affreuses dévastations qui conduiraient à la barbarie, ou les secousses les plus horribles ébranleront, anéantiront la République qui nous a coûté tant de sang.

Depuis trois mois j'erre sur des décombres, tout est brûlé, détruit, tout disparaît ; des Districts entiers n'ont aucun des moyens nécessaires pour s'instruire, on n'y trouve aucun professeur, les malades appellent en vain les médecins ; tous les efforts de la Convention échouent contre la malveillance ou plutôt contre la plus crapuleuse ignorance ; les écoles sont désertes, des ivrognes sont chargés de l'institution publique, des sauvages de former les mœurs, des écoliers de professer les lois et la morale ; pour ajouter aux ravages de l'ignorance, des plans partiels sans unité, sans universalité, tourmentent sans succès ; les communes n'ont plus un livre, pas un tableau, pas une statue qui puissent leur indiquer la marche du goût et du génie. S'il naissait un homme à talent, dans ce qu'on appellait province, il n'aurait pas sous les yeux un modèle. Souvenons-nous pourtant qu'il n'a fallu que l'aspect d'un tableau pour développer le talent du Corrége, qu'il n'a fallu que l'aspect d'un tableau, pour changer la première manière de Raphaël, lui faire abandonner la sécheresse du Pérugin et le faire marcher à l'immortalité, sur les traces de Michel-Ange.

Post scriptum.

Objets épars appartenant à la Nation.

Le comité d'instruction publique demande des détails sur un bas relief de Notre-Dame à Recouvrance. Ce bas relief existe; il a six pieds de large, sur cinq environ de hauteur; il est difficile de déterminer le sujet de cet ouvrage; est-ce une visite de la Vierge à Ste. Anne[1]? le costume des femmes le ferait croire; celui de deux paysans bas-breton, l'un à la porte d'une église gardant un âne, détournerait de cette explication; rien de rare dans ce morceau, celui qui le vantait sans doute avait perdu de vue les ouvrages des grands maîtres; peut-être vantait-il un prétendu chef-d'œuvre dans la Bretagne, comme on vante en Russie des pommes vertes, un anana dans la Hollande, ou des vignes en Angleterre. Si l'on veut au reste conserver ce monument, il faut l'enlever du fronton qu'il occupe exposé aux vents, aux orages, aux insultes des malveillans, des ivrognes et des enfans.

Le grillage en fer dont les fonds baptismaux de S. Louis étaient entourés, a été vendu au citoyen Garnier, forgeron, qui l'a brisé; il l'a payé six cent cinquante livres.

Dans un des greniers du District j'ai trouvé sept

---

[1] L'auteur veut dire sans doute sainte Élisabeth, Luc, Ier. 40.

lunettes de différentes dimentions, un petit graphomètre en cuivre, quelques médailles dont les figures, dont les revers et les exergues sont entièrement effacés ; j'en excepte un Gordien assez bien conservé.

Les colonnes antiques de S. Louis, préservées de toute insulte par des caissons, sont surmontées d'un baldakin d'une forme assez élégante, exécuté d'après les desseins et sous la direction de Frézier, ingénieur en chef à Brest ; ces colonnes faisaient partie de celles que M. de Seignelay fit enlever à Léiptis magna, ville découverte sur la côte d'Afrique; elles furent transportées au Havre ; quatre d'entr'elles, conduites à Paris, furent élevées sur la place des victoires et donnèrent lieu à la plaisanterie gasconne, *Cadedis tu me bernes de mettre le soleil entre quatre lanternes*, les quatre dont nous parlons, avaient été laissées au Havre. Bigot de la Mothe, intendant de la marine à Brest, les obtint pour l'église de S. Louis ; leur état de dégradation, de défectuosité les fit retravailler et repolir ; elles n'ont point conservé la forme élégante de l'antique, aussi le marbre seul et la longueur des pièces peuvent être remarquables, le travail de l'artiste ancien a disparu. Ces colonnes sont de marbre cipolino si commun dans les fabriques de l'Italie, c'est une pierre blanchâtre, lézardée d'une couleur ardoise extrêmement tendre ; c'est de ce marbre que sont faites les trois colonnes du temple de Sérapis, près de Pouzzol, entièrement rongées par des pholades.

Informé qu'on avait fait passer au citoyen Deveau, chef des travaux de l'artillerie à Brest, une grande quantité de manuscrits sur velin, ornés de vignettes, qu'on destinait à faire des cartouches, je le priai d'épargner les desseins qui pourraient avoir quelque mérite. Il m'a fait passer sept grandes feuilles dont l'écriture et les ornemens, peints avec délicatesse, me font regretter celles qu'on a sacrifiées. Les lettres majuscules sont en or; elles sont entourées de roses, d'arabesques d'un fort bon goût; je vous invite à les faire porter à la bibliothèque du District.

Tel est, citoyens Administrateurs, le résultat de mes opérations dans l'étendue de votre arrondissement; sans l'accident qui m'a retenu plusieurs jours au lit, qui gêne ma marche depuis plus d'un mois, il aurait été plutôt terminé.

Je vous invite à certifier par écrit, que vous n'avez rien à m'indiquer dont j'aie négligé l'examen.

Salut et Fraternité.

Nota. Les instrumens envoyés par le district au magasin général, ont été délivrés à l'armée, sont confondus avec les propriétés de la marine, le District doit avoir un reçu de ces objets.

Dans la petite chapelle de l'intendance, on voit un tableau; c'est un Christ assez bon, ses bras élevés sur la croix sont mal dessinés.

Le District possède quatre jeux d'orgues.

1°. A S. Louis, à Brest.

2°. A S. Sauveur, à Recouvrance.

3°. A Lambézellec.

4°. Celui de Guipava frappé de la foudre, ne peut servir.

La table de bois des Indes sur laquelle le comité d'instruction demande des détails a neuf pieds de diamètre et deux pouces et demi d'épaisseur. Elle est d'un seul morceau, d'un bois dur, susceptible de recevoir un beau poli ; elle est déposée dans le magasin général, n°. 31.

Une autre table carrée, dans le même local, a six pieds neuf pouces de long sur quatre pieds de large et trois pouces d'épaisseur.

Extrait

Des Registres du Conseil de l'Administration du District de Brest.

Du 13 Nivôse, an troisième de la République française, une et indivisible.

Séance tenue par le Citoyen LAURANS, vice-président ; assisté des Citoyens Administrateurs.

Présent le Citoyen CHOLLET, *substitut de l'Agent national.*

Le Citoyen CAMBRY, commissaire du Département du Finistère pour faire la recherche et la collection des monumens utiles aux sciences et aux arts et des objets d'histoire naturelle et de botanique, présente au conseil le résultat de ses opérations dans ce District.

Examen fait de ce travail : considérant que non seulement il contient des vérités utiles, des analyses curieuses et des observations intéressantes, mais qu'il embrasse dans son ensemble des vues profondes tendantes à vivifier les sciences et les arts et à améliorer toutes les parties du gouvernement;

Que cet ouvrage ne peut qu'être cher à tout ami du bien public.

Considérant que, malgré l'indisposition survenue au Citoyen CAMBRY, son travail a été fait avec la plus grande célérité;

Ouï le substitut de l'Agent national en ses conclusions,

Le Conseil arrête que le Citoyen vice-président se retirera par devers le Citoyen CAMBRY, pour lui témoigner, au nom de l'Administration, ses remerciemens sur son dévouement et ses sollicitudes patriotiques, et l'inviter à lui accorder une copie de son mémoire pour être déposée dans ses archives;

Arrête qu'expédition du présent sera adressée au Citoyen CAMBRY, comme un gage de la reconnaissance du conseil, et qu'une pareille expédition sera adressée au Département pour le féliciter sur le choix qu'il a fait, pour une mission aussi importante, de ce citoyen vertueux qui s'en acquitte si dignement.

Fait et arrêté lesdits jour, mois et an. *Signé* Y. M. LAURANS, *vice-président;* LEGALL-KERVEN, P. MOLLARD, aîné, LEGUEVEL, R. MALASSIS, GUIASTRENNEC, CHOLLET, *substitut;* ALIZARD, *secrétaire.*

Lesneven.

Citoyens Administrateurs,

Le jour de mon arrivée à Lesneven, je vous invitai par une adresse N°. 49, 18 Brumaire, an troisième, à nommer deux commissaires que vous chargeriez du soin de la bibliothèque du District, à choisir un local pour placer cette bibliothèque, à faire le devis des réparations nécessaires pour l'établir, devis qui doit être approuvé par le département; tous ces articles sont prescrits par la loi.

Vous avez nommé vos commissaires; les citoyens Le Coniat et Le Guell ; ils ont commencé leur travail, le local de la bibliothèque est choisi, elle est bien placée, bien aérée, au centre de la ville, à la portée de tout le monde, sur le chemin de tous les passans, des oisifs, on s'y transportera sans peine; je le répéterai partout, l'accès d'un muséum doit être facile, semé de fleurs s'il est possible.

On travaille au devis que vous ferez parvenir au département.

Comme par-tout, vos livres par les différents transports qu'ils ont éprouvés, par la négligence, l'insouciance du moment passé, vos livres ont été tellement mélangés, qu'il est presque impossible d'en indiquer les différents propriétaires. Réunis dans l'église de S. Michel, je les ai parcourus, j'ai choisi ceux que j'ai cru les plus intéressants pour l'amateur de la bibliographie, pour les artistes, pour les littérateurs; j'en ai pris les titres, je les ai fait placer dans les armoires boisées de la sacristie. Ces ouvrages sont au nombre de cent quatre-vingt-quatorze, formant une collection de trois à quatre cents volumes; la masse de vos livres est de huit à dix mille. J'ai sur mon catalogue une assez grande quantité de cartes, de mappemondes, d'éléments de géographie, de recueils placés sous clef, dans la même sacristie. J'y fais joindre les livres que j'ai trouvés chez quelques épiciers de la ville, ils allaient subir le sort de la bibliothèque des récolets, qu'on vendit en 1791, et dont les restes précieux, lacérés en cornets, sont dans les boutiques de la plupart des marchands de votre ville. C'est avec le plus vif sentiment de regret que j'ai vu de rares éditions, un Ducange pendus sur des ficelles, destinés à servir d'enveloppe aux denrées qu'on débite en détail... Tirons un voile sur ce tableau désagréable.

Vous ferez joindre à l'herbier de la France par Bulliard, à son dictionnaire élémentaire de botanique, le recueil bien fait des plantes pressées et desséchées, classées avec intelligence par les propriétaires du château de Kerjean ; elles sont au nombre de cinq cent quatre-vingt-une, parfaitement bien conservées, étiquetées, désignées par leurs noms français et latins, divisées en plantes purgatives, errhines, histériques, sudorifiques, cordiales, etc. Il est malheureux que vous n'ayez de la collection des plantes coloriées de la France, de Bulliard, que vingt-cinq numéros ; vous pourrez la faire compléter un jour.

Vous avez le dictionnaire de musique contenant une explication des termes grecs, latins et français, les plus usités dans la musique; cet ouvrage est de Sébastien Brossard; il accompagne les vingt-trois ou vingt-quatre volumes d'opéra, de sonates, de pièces lyriques de toutes natures, de Bethisy, de Quantz, de Bancs, de Lully, de Boismortier, des recueils contenants le trio de Minoret, les carillons de Paris, la chaconne de Gauthier, la ritournelle des parques, etc. Cette musique n'est ni de Piccini, ni de Paziello, mais elle plaît aux amateurs, elle indique la marche de l'art, elle ramène à la simplicité dont souvent on s'écarte trop.

Ces différents morceaux formeront la base de votre bibliothèque, peu riche en vieilles éditions, en éditions rares, mais assez fournie de livres concernant les arts et les siences, de voyages et de livres historiques ; vous avez peu de poëtes, peu de romans, vous n'avez point de commentateurs, vous êtes pauvres en ouvrages classiques; mais vos frères de Paris et des autres Départements, viendront sans doute à votre secours.

J'ai vu le sac énorme dans lequel on a remis les monnaies et médaillons anciens et modernes, portés à votre District, et la boîte de carton dans laquelle sont renfermées les médailles des Empereurs, qu'on avoit cru d'argent et dont un orfèvre a tailladé les nez et les oreilles pour en connaître la valeur; ces médailles sont assez bien frappées, mais presque toutes sont fourrées, elles sont au nombre de dix-neuf; j'en ai la description. Je ne parle pas de dix autres usées, illisibles, dont je ne fais mention que pour mémoire.

Les bronzes en assez mauvais état, sont des Aurelius Verus, des Adrien, des Auguste, une Faustine, la jolie tête d'Antonia Augusta, Macrin, Postume, un Tibère, un Néron, etc. J'en ai noté vingt-quatre. Je me tais sur trois cents médailles romaines de Constantin sur-tout, presque entièrement effacées et sur un même nombre de pièces ou jettons modernes. Vous conserverez avec plus de soin une pièce d'argent de dix-neuf lignes de diamètre, espèce de talisman chargé de caractères hébraïques.

Quelques quarts d'écus de Charles X, roi de France,

ou plutôt souverain choisi par un des trois partis qui se disputaient la France à la fin du seizième siècle.

Quelques blancs de François et de Jehan, Duc de Bretagne; dix-huit pièces enfin que j'ai séparées et qui sont au secrétariat, dans une boîte de carton, avec dix autres pièces d'argent appartenantes à des princes étrangers.

Vos médaillons sont celui du cardinal de Noailles, de Marie II, Reine d'Angleterre, et celui de Charles Ier, Roi d'Angleterre; tous trois sont assez bien frappés.

Le 21 Brumaire, j'examinai les effets transportés du ci-devant château de Brézal, commune de Plounéventer, abandonné par l'émigré Tenteniac; on les a déposés dans une armoire du secrétariat.

On y trouve, 1°. un télescope d'un pied cinq pouces sept lignes de longueur, de trois pouces de diamètre. Il est de cuivre; son pied du même métal a dix pouces sept lignes d'élévation.

2°. Un joli microscope en cuivre de neuf pouces huit lignes de haut, sur un diamètre de vingt lignes, garni de tous ses instrumens, un peu faussé dans le transport.

3°. Deux thermomètres portatifs de Réaumur.

4°. Un globe céleste, dont les montans et les pieds ont été rompus dans le voyage de Brézal à Lesneven.

5°. Le verre convexe et le miroir d'un optique.

6°. Le pied d'un niveau garni en cuivre.

7°. Une boîte contenant des fragmens de minerais,

plomb chatoyant, cubique, blanc, couverts de quartz cristallisé, des morceaux de foye d'antimoine, etc.

La même maison d'émigré laisse à la Nation des gravures, des tableaux, des desseins assez précieux.

Desseins de Brézal.

1º. La visite au grand papa, de Smith, gravée par C. Bayez.

2º. Les adieux de la nourrice, d'Aubry, gravés par Robert de Launay.

3º. La Magdelaine aux pieds de Jesus-Christ; cette gravure est de Picard d'après un tableau de l'Albane.

4º. Christian VII, Roi de Danemarck, portrait d'Angelica Kauffman en 1768, gravé par Robert Sayer.

Tableaux de Brézal.

1º. Le meilleur morceau que j'aie trouvé dans mon voyage est une Vierge de ce château; l'expression générale de ce tableau, l'harmonie des couleurs, la hardiesse du paysage me le font croire un original de l'école du Titien, du Titien peut-être lorsque, ne cédant point à sa facilité, il travaillait et soignait son ouvrage; quelques parties ont été retouchées, la main droite de l'enfant n'est qu'un placard de couleur rouge.

2º. Une esquisse qu'au papillotage des couleurs on reconnaît pour un ouvrage de l'école française; la vierge monte au ciel dans l'attitude d'une comédienne, elle ne convient pas à la douce Marie. Ce tableau n'est pas sans mérite, il a celui qui peut plaire aux Français, quand ils n'ont pas vu l'Italie, aux peintres de l'école française, quand ils voyent qu'on suit leurs principes et leur routine, quelques têtes de vieillard, je ne sais quelle fausse magie dans les couleurs et dans les attitudes doivent faire conserver ce morceau ; c'est l'art n'imitant point la belle nature, mais vous plaisant par ses caprices.

Les Desseins de Brézal sont :

1°. Un joli dessein à la plume, paysage très agréable.

2°. Un paysage de l'Écuyer; les principaux traits sont à la plume, les ombres plus légères sont à l'encre de la Chine, des couleurs fauves placées avec ménagement sur la totalité de cet ouvrage, lui donnent un effet, un jeu qu'un artiste seul peut produire, après lequel les amateurs courent en vain toute la vie.

3°. La vue du château de Brézal est flattée, mais assez bien traitée.

4°. Trois maisonnettes entre deux rochers, un étang dont les eaux sortent en écumant, des montagnes bleuâtres dans le lointain, quelques brebis, un berger, une bergère, des arbres, des buissons agréablement disposés, composent ce petit dessein.

5°. Un clair de lune.

6º. Un dessein fait à la plume, par Mademoiselle de Lambour.

7º. Le portrait de la fille aînée de Tinteniac.

Ces trois derniers morceaux méritent, par leur délicatesse, d'être conservés et placés dans le muséum de Lesneven.

Tous sont sous verre, tous les cadres sont dorés et bien conservés, on m'a fait voir quelques tableaux déposés depuis longtemps au grenier du District.

1º. Un très beau portrait, c'est une Duchesse, une Reine, c'est la femme la plus jolie; elle tient un pigeon. Quelle noblesse, quelle fraicheur, quel agrément dans sa figure! Le bras, les extrémités n'en sont pas terminés, mais songez que c'est un portrait.

2º. Un portrait Claude de Buillion peint en 1633. Il est vêtu de sa robe présidentale, a sur la tête une calotte noire, il est d'une bonne main, mais la peinture en est écaillée.

Les tableaux de Kerjean appartenant à la ci-devant Marquise de Coatanscours sont :

1º. Le portrait du président Bienassis, le plus gros homme de la Bretagne, bon morceau, belle drapure[1].

2º. Un repos de la fuite en Egypte. La composition,

---

(1) Il y a eu deux Visdelou, seigneurs de Bienassis (com. d'Erquy) présidents au parlement : 1º, Claude, reçu le 20 juillet 1637, mort le 4 mars 1658 : 2º, son arrière-petit-fils, René-François, reçu le 21 mars 1707, mort

le dessein, le coloris de ce tableau sont très-agréables. Quelle variété les peintres n'ont-ils pas mise dans les têtes de la Vierge multipliées à l'infini ! Celle-ci n'a pas la noblesse, la majesté des vierges du Poussin et des Caraches, la finesse et l'expression de celles de Callo Dolce ; elle est comme celle de Raphael au Palais Pitti, elle est une simple villageoise vêtue de rouge, en manteau bleu ; son enfant pose sur son sein et s'en rapproche en regardant l'austère figure de Joseph qui lui sourit pourtant, et voudrait l'égayer. La tête de Joseph conviendrait mieux à Démocrite qu'au débonaire époux de la Vierge Marie. Le maître de cet ouvrage est Vignon, il le fit en 1702.

Les Desseins de Kerjean.

1°. Un paysage du ci-devant Marquis de Kerouarts, dédié à Madame de Coatanscours ; au-dessus du travail d'un amateur ordinaire.

2°. Le château de Kerjean par Madame de la Rochefoucault, ci-devant Duchesse de Chabot, dessiné en 1776. Si Madame de Chabot n'a pas fait retoucher son ouvrage par un maître, elle est digne d'occuper une place parmi les artistes.

---

le 6 août 1715. Sa fille ainée Marie-Anne-Hyacinthe épousa le comte Engelbert de la Marck et Schleiden, et sa fille unique, Louise-Marguerite Iris, devint duchesse d'Arenberg. — Cambry veut sans doute parler du second président de Visdelou : le premier portait d'ordinaire le nom de La Goublaye, seigneurie qui lui venait de son père, tandis que Bienassis venait de sa mère, Françoise du Quélenec.

Aux Ursulines de Lesneven.

Deux petits cadres sous verre à bordure en or, les desseins coloriés qui les remplissent sont coupés d'anciens manuscrits, ni perspective, ni dessein, la peinture dans son enfance, la sécheresse de Thadée, de Manteigne et les vives couleurs de la Chine, les bleus sur-tout sont admirables.

Les seize sujets réunis dans ces cadres, sont extraits de l'ancien et du nouveau testament. Les derniers sont traités avec plus de délicatesse, mieux conçus, mieux finis, mieux peints. Il serait trop long de vous détailler l'extravagance de ces conceptions, de ces compositions de nos bons pères. Vous les avez sous les yeux.

Vous remarquerez le plus bizarre et le meilleur de ces tableaux. La Vierge sur un lit de mort, mollement étendue, pâle, mais sans grimace, et mourant sans contorsions, tient un cierge; S. Pierre, un bénitier à la main gauche, un goupillon à la main droite, l'asperge; il est vêtu d'un surplis, d'une chappe, porte l'étole des prêtres grecs. Le lit, tous les Apôtres sont en blanc, mais l'or placé sans profusion, et les ombres bien disposées, une porte de couleur lie-de-vin, détruisent la monotonie que ces masses de blanc pourraient produire. J'oubliais un fort petit diable qui tire avec humeur les rideaux de la Vierge, et s'enfuit désolé de ne pouvoir la tourmenter dans les enfers.

Les ursulines possédaient encore huit petits cadres, portraits gravés d'Henry, Duc de Bourbon, deuxième du nom, de Charlotte de Montmorenci, de Charles premier, de Charles II, Roi d'Angleterre, d'Armand de Bourbon, Prince de Conti, de Charlotte-Marie de Loraine, et de Gaston, Duc d'Orléans; ces morceaux pourraient servir à compléter quelques collections de portraits; ils sont passablement exécutés.

Dans la ci-devant Collégiale, vous avez un autel de différens marbres; la table principale est de couleur chocolat, mêlée d'un blanc sale et de jaune. Je vous invite à le conserver avec soin.

Vous avez dans le District trois jeux d'orgues; le premier à S. Michel, le second à Goulven, le troisième à Lanhouarneau; vous ne souffrirez pas qu'on les endommage.

Vous trouverez dans l'église où sont déposés vos livres, six grands cadres dorés, sculptés. Treize cadres moins grands dorés, dix-neuf cadres dorés de dix-huit à vingt pouces, et huit autres cadres dorés, sous verre.

Tous les tableaux, desseins, portraits qu'ils renferment, sont sans mérite; ce n'est pas une raison pour les détruire; les choses médiocres même coûtent tant à produire, la nature est tellement avare de talents, que l'ombre de leurs produits doit être respectée par des peuples civilisés qui craignent l'ignorance et l'esclavage qui la suit.

J'ai vu la décolation de S. Jean Baptiste de Goulven, les tableaux de Trefflés; ils sont détestables.

Sans être de prix, il serait à souhaiter que le grand tableau des Recolets fut mis à l'abri des accidents qui le menacent, vous l'avez fait dégager du foin et de la paille qui le couvraient et le gâtaient. Sans doute la Convention, le comité d'instruction publique prendront un parti général sur ces compositions qu'aucun particulier ne peut placer, trop grandes pour les établissemens des départemens, trop médiocres pour être portées au muséum de Paris, mais qui pourtant ne sont pas méprisables, et d'après le plan sage et conservateur qui va régénérer la France, doivent aider à faire refleurir les arts, les talents, les vertus qui marchent à leur suite, quand ils ne sont pas avilis par le luxe et la corruption des cours.

Tel est, Citoyens Administrateurs, le résultat de mes recherches dans votre District. Je vous invite à me déclarer *par écrit*, qu'il n'est aucun objet relatif à ma commission que j'aie négligé d'examiner; s'il en était, par hazard, je vous prie de me les indiquer.

Salut et Fraternité.

A Lesneven, le 30 Brumaire, an troisième de la République Française.

CITOYENS ADMINISTRATEURS,

J'ai fait placer dans les armoires de la sacristie de S. Michel, cinq nouveaux tableaux du ci-devant château de Maillé, appartenant à l'émigré Catville[1].

1°. Le premier représente l'attaque d'un fort, une escarmouche générale. Ce fort, situé sur une rivière et défendu par des rochers, n'est accessible que par un pont sans parapet. C'est le théâtre du carnage, tout est confus, mort, écrasé. On se noye, on se sauve à la nage, le canon tonne du haut des remparts; tout combat sur d'épais nuages de fumée, où sur un fond plus clair qui laisse appercevoir dans le lointain, des montagnes d'un bleu céleste.

Feu, mouvement, chaleur, coloris vigoureux, rien de mêlé dans cet ouvrage.

2°. Un combat général sous les murs d'une ville; même mérite, même accord, même couleur.

Ces deux tableaux me paroissent de Parocel; ils ont cinq pieds neuf pouces de largeur, sur trois pieds neuf pouces de haut.

---

(1) Maillé (par. de Plounevez Lochrist) terre nommée auparavant Seizplouë ou Coet Seizplouë, érigée en comté sous le nom de Maillé, en 1626, en faveur de Charles de Maillé, marquis de Carman. L'émigré dont parle Cambry se nommait Ameline de Cadeville : il avait acquis Maillé, le 13 mars 1789, de Louis-Antoine de Rohan Chabot, qui tenait cette terre de son père, acquéreur, le 3 juin 1747, de Donatien de Maillé, marquis de Carman, troisième descendant de Charles de Maillé. — Rens. dus à l'obligeance de M. le baron de Courcy.

3°. Vertumne et Pomone, de l'école de Boucher; trois pieds neuf pouces de haut, sur deux pieds neuf pouces de large.

4°. Deux amours forgeant des armes, chauds de couleur, sortans sur un fond noir, têtes pleines de malice, extrémités peu soignées.

Bonne copie d'après le Corrège; trois pieds de large, sur deux pieds six pouces de haut.

5°. Un bon portrait de chanoine portant son aumusse; deux pieds et demi de haut, sur deux pieds de large.

Je n'ai pas parlé de l'église du Folgoat près de Lesneven; elle renferme une multitude de statues brisées, dont le travail et le costume m'ont frappé. Ces statues sont de pierre de Kersanton susceptible d'un poli plus brillant que celui du Basalte, sur laquelle je promets de donner des détails.

L'église du Folgoat est très ancienne, on la croit (mais sans preuves certaines), une église de templiers; on m'assure avoir vu cette ancienne inscription au Folgoat, *Petrus illustris dux Britonum fundavit illud collegium anno 1178*[1].

La cour du Folgoat paraît être un champ de bataille;

---

[1] Inscription très mal *imaginée* et que dément l'architecture du Folgoët. En 1178, la Bretagne était en proie au roi d'Angleterre Henri II, qui la gouvernait par son fils Geoffroy, fiancé de la duchesse Constance. — La vérité est que la chapelle du Folgoët fondée, en 1365, par Jean IV, après le traité de Guérande, fut dédiée en 1419 par son fils Jean V, et érigée par le même en collégiale suivant mandements de 1422-1424.

des milliers de statues de Kersanton, brisées, remplissent les chapelles, les portiques, tous les environs de l'église. Que de costumes singuliers vont disparaître, que de morceaux curieux vont s'anéantir! Un dessinateur bien dirigé conserverait de précieux restes aux amis de l'antiquité; j'ai compté douze têtes dans une fontaine; un autel très-singulier portait tous les emblêmes de la maçonnerie, on les a fait disparaître, les roses les plus délicates sont détruites. C'est là qu'on peut juger de l'étonnant parti qu'un sculpteur habile pourrait tirer du Kersanton. Avec quelle délicatesse ces vignes, ces fleurons, ces chapitaux sont travaillés! L'autel principal, d'un seul morceau de cette pierre, a treize pieds quatre pouces de long, trois pieds et demi de profondeur et neuf pouces d'épaisseur. Tous les monumens de Folgoat ont un air de vétusté, d'étrangeté, dont il est impossible de donner l'idée sans le secours de la peinture.

Que n'avais-je un peintre, un dessinateur avec moi! Mes faibles esquisses me suffisent mais ne satisferaient pas le public.

Additions à mes notes sur Lesneven.

J'ai visité les restes de l'argenterie des églises réunis au District de Lesneven.

Un des plus singuliers de ces morceaux est le buste de S. Didier, (commune de Plouder), les ornemens de sa chappe sont chargés de statuettes qui représentent des apôtres. Le buste et les ornemens sont d'argent doré, couvert de pierreries ou plutôt, comme les Administrateurs l'ont déclaré, de verres colorés, enlevés, brisés par un orfèvre; la mitre surtout en était surchargée.

Rien de plat et d'ignoble comme la tête de S. Didier, ses cheveux d'or sont bizarrement exécutés et frisés par l'extrémité.

Des petits dômes à filigranes couvrent la tête des apôtres; richesse, profusion de travail au défaut de beauté, de simplicité.

L'annonciation est grossièrement gravée sur le derrière de la chappe du Saint, le parquet sur lequel pose la vierge est sans la moindre trace de perspective; elle est vêtue d'une lourde chappe d'évêque.

La platitude de la figure de S. Didier, ses gros yeux sans prunelles, tant de détails sans art et sans finesse, prétent à ce monument une grande ancienneté.

Note des particuliers dont les livres ont été réunies à la Bibliothèque de Lesneven.

Barbier [Lescoët], en sa demeure de Kerno en Ploudaniel [émigré].

Parcevaux, émigré, en Cléder.

V^e. Kersauson et l'émigré Tinteniac, de Brézal en Plouneventer.

L'émigré Puyferré, ex-curé de Plouescat.

L'émigré Favé, ex-curé de Tregarantec.

L'émigré Lesguerne, ex-conseiller du Parlement.

L'émigré Lesguen, ex-noble, de Lesneven.

La D°. Coatanscourt, ex-noble, de Kerjean, en Plouzévédé.

Trogoff, ex-commandant à Toulon, de Penhoat en S. Frégent [1].

Aux Ursulines.

A Lesneven, le 26 Brumaire, an trois de la République française, une et indivisible.

Nous, Membres du Directoire du District de Lesneven, attestons comme *témoins oculaires*, que la vache du citoyen Guillaume Lelan, de la terre de Kerbriant, a mis bas deux veaux, l'an premier de la République, trois l'an deuxième, et quatre l'an troisième.

Nous affirmons l'avoir vue tetée par ses quatre veaux à la fois, aucun d'eux n'est mort, ils sont en bon état; deux ont été vendus à un voisin, pour les élever.

Plusieurs habitans de Lesneven, Notables, Membres de la société populaire, ont signé avec nous l'attestation de ce fait extraordinaire, incontestable malgré sa singularité.

(1) M. THIERS a imprimé (*Histoire de la Révolution*, 4e édition, t. V, p. 237) que l'amiral de Trogoff était d'origine étrangère. M. DE COURCY a adressé à l'historien la preuve que Trogoff était d'une ancienne et noble famille bretonne et son acte de baptême rapporté à Lanmeur... Mais l'erreur n'a pas été corrigée. Voir *Biographie Bretonne*. V° *Trogoff*.

Suivent les signatures :

Lamarre, Membre du Directoire.
Castaignet, Membre du Directoire.
Grée, Secrétaire du District.
Renault, du Conseil du District.
Pochard, Officier Municipal, etc.

Extrait

Des registres des délibérations du Conseil Général du District de Lesneven.

Du 28 Brumaire, troisième année Républicaine.

Séance publique, présidée par le citoyen PRISER ;

Présent le citoyen LE GALL, *Agent national.*

Est entré au conseil le citoyen CAMBRY, président du District de Quimperlé, commissaire nommé par le Département du Finistère, pour la recherche des statues, livres, tableaux, collections de minéraux, coquillages, manuscrits, plantes rares et étrangères, instrumens de physique, etc.

Le président s'est empressé à l'inviter à prendre place à la séance :

Le citoyen CAMBRY a lu un rapport de ses opérations et de son travail en ce District depuis qu'il y est arrivé.

Ce rapport et les détails donnés de mémoire par le citoyen CAMBRY, d'extraits d'une infinité de livres de la bibliothèque, de la description de plusieurs tableaux ou médailles, de recherches chez les marchands détaillans possesseurs de quelques ouvrages précieux, de voyages à la côte, de l'examen d'anciens édifices, de vérification des différentes qualités de terre, etc., etc. enfin d'une méthode adoptée à Quimperlé, pour opérer une grande activité dans l'expédition des affaires confiées aux Administrations de District, ont été souvent interrompus par des applaudissemens, effet de l'entousiasme de l'Administration, ou de l'élan de la reconnaissance des Administrateurs et d'un grand nombre de citoyens présens à la délibération.

Le citoyen Agent national entendu :

Le Conseil Général permanent a, par l'organe de son Président, voté au citoyen CAMBRY, les remercîmens lui dûs pour avoir, par un travail forcé pour tout autre, mais qui lui paraît naturel, rempli avec un zèle extraordinaire et un talent plus étonnant encore, tous les objets relatifs à sa mission, découvert dans le District, et conservé à la Nation, les objets les plus utiles aux progrès des connaissances humaines, et développé les instructions et les principes les plus propres au bonheur des hommes, à l'affermissement et à la gloire de la République française; a invité le citoyen CAMBRY à remettre au bureau son rapport et les deux mémoires qu'il a communiqués, pour qu'il en soit pris des copies qui seront déposées au secrétariat;

Et arrête de délivrer au citoyen CAMBRY, et d'envoyer au Département et aux Représentans du peuple, une expédition du présent arrêté.

Fait en Conseil Général lesdits jour, mois et an.

Certifié conforme. *Signé,* PRISER, *Président;* MESGUEN, BALLER, CASTAIGNET, MIORÇEC, LAMARRE, LE GALL, *Agent National;* GRÉE, *Secrétaire.*

Morlaix.

Citoyens Administrateurs,

J'ai fait enregistrer, le 6 vendémiaire, an trois de la République française, une et indivisible, la commission dont je suis chargé pour toute l'étendue du Finistère.

Le jour de mon arrivée à Morlaix, je vous engageai :

1º. A nommer les commissaires qui doivent travailler au catalogue de votre bibliothèque ;

2º. A choisir un local propre à la contenir ;

3º. A faire faire le devis des dépenses nécessaires pour son établissement.

Vous avez choisi pour local la salle actuelle de la municipalité, et le salon qui la joint pour les instrumens de physique et les objets d'histoire naturelle que la Convention pourra vous destiner.

Votre catalogue est commencé. Dans peu le devis des dépenses sera terminé. Vous le ferez passer à l'approbation du Département.

J'ai visité les divers cabinets appartenant ou qui pourront appartenir à la nation.

La bibliothèque des Jacobins, où malheureusement les livres ont été tellement mélangés, qu'il est impossible d'en indiquer les divers propriétaires [1]. Elle contient de huit à neuf mille volumes. Je les ai tous examinés. J'ai fait mettre à l'écart ceux que j'ai jugés les plus rares.

Vous possédez une multitude d'éditions de quatorze cent à quinze cent vingt, qui rendront votre collection précieuse aux amateurs de la bibliographie.

Les livres que j'ai fait séparer sont au nombre de quatre cent quatre vingt-huit. J'en ai pris les titres, je les recommande à votre zèle pour les progrès des sciences et des arts.

Le corps principal de cette bibliothèque contient l'encyclopédie, les ouvrages des premiers écrivains de l'antiquité grecque et latine. Elle est riche en dictionnaires. On y trouve des historiens, des poëtes. J'ai fait un apperçu des ouvrages de cette nature qui la composent.

Il serait à souhaiter qu'on y joignît des livres d'arts, des commentateurs dont vous êtes presque entière-

---

(1) Quelques mots omis au texte.

ment dépourvus ; qu'on augmentât les livres géographiques, les voyageurs, les cartes dont vous manquez. Elle serait alors peut-être la meilleure du Département.

La partie musicale est pauvre. On n'y trouve que quelques œuvres de Corelli, de Vivaldi, de Duval, le Pyrame et Thisbé de Rebel, la Terpsichore du même maître, et la Polixene de Colasse. Ces morceaux viennent de la maison Lesquiffiou [1].

Détails sur les Bibliothèques de Morlaix.

Les livres des diverses bibliothèques de Morlaix réunies ou qu'on doit réunir pour former celle du District, sont tellement confondus qu'il est impossible d'en désigner les propriétaires.

Ils proviennent,

Des Jacobins de Morlaix.

Des Capucins de Morlaix.

Des Bénédictins [2] du Rellec.

Des Carmes de S. Paul-de-Léon.

De Lesquiffiou de Morlaix [3].

Du Chanoine Keroulas [4].

De Jolivet.

---

(1) Du château de Lesquiffiou (commune de Pleiber-Christ), appartenant, en 1789, à Sébastien-François-Joseph Barbier, marquis de Lescoët, aujourd'hui à son arrière-petit-fils. — Je dois cette note et les indications biographiques suivantes à M. le baron de Courcy.

(2) Erreur. L'abbaye du Relecq appartenait aux Bernardins.

(3) Sans doute l'hôtel, en ville, du propriétaire du château de Lesquiffiou.

(4) L'abbé de Keroulas, chanoine de Saint-Pol, abbé commendataire de Saint-Maurice de Carnoët, en 1780, mort à Quimper.

De Dudresnay⁽¹⁾.

Des Recolets de Cuburien.

Des Capucins de Roscoff.

Des Minimes de S. Paul-de-Léon.

Des Lazaristes de S. Paul-de-Léon.

De l'Evêque de S. Paul-de-Léon.

Des Chanoines de S. Paul-de-Léon.

De la Chambre littéraire de Morlaix.

De Quilien ⁽²⁾.

Les livres les plus curieux de ces diverses collections sont⁽³⁾ :

L'harmonie éthimologique des langues hébraïque, chaldaïque, syriaque, latine, française, italienne, espagnole, allemande, flamande, anglaise, etc. *Paris*, 1606, *in*-8°.

Beati Alberti magni opera. *Lugduni*, 1651, *in*-f°., 19 v.

Orationes, etc. Philippi Beroaldi, item Plusculæ Angeli Politiani, hermolai Barbari atque una jasonis Maini oratio. Jehan petit. *Paris*, Impres. per Nicol. de Pratis, 1510, *in*-8°.

Valerius maximus. Impres. per Jacobum Mareschal, 1517, *in*-8°.

---

(1) Louis-Marie-Ambroise du Dresnay, dit le *marquis du Dresnay*, seigneur de Kerlaudy, près Saint-Pol, guidon des chevau-légers de la garde, mort à Londres en 1798.

(2) Jean-Louis du Merdy de Quillien, capitaine au régiment de la reine (dragons), fusillé à Quiberon en 1795.

(3) De ces livres, parmi lesquels beaucoup très précieux, je n'ai pu trouver trace. D'après mes renseignements, ils avaient été transférés du dépôt des Jacobins à la bibliothèque de la Chambre littéraire. Cette bibliothèque n'en a pas un seul aujourd'hui, et on ne sait ce qu'ils sont devenus. — C'était bien la peine de les enlever à leurs propriétaires !

Illustris viri D. Joannis de Roias commentariorum in astrolabium quod planispherium vocant libri sex. *Lutetiæ,* apud Vascosanum, 1550, *in*-4°, fig.

Archimedis de iis quæ vehuntur in aqua libri duo, a Federico Commandino, urbinate in pristinum nitorem restituti et comment. illustrati. *Bononiæ* in officinâ Alexandri Benacii, 1565, fig. Même volume, Federici Commandini liber de centro gravitatis solidorum, *in*-4°, belle édit. fig.

Distica de Moribus, nomine catonis inscripta, cum Jodoci Badii ascensii, desiderii Erasmi, Nicolai Bonespei, ac denique latina et gallica Maturini Corderii interpretatione; quibus etiam accesserunt septem sapientum dicta, laconicis interpretatiunculis enucleata, etc. Sub correctione rob. Stephani, 1538, *in-4°*.

Scolastica historia. Præclarum hoc opus scolastice historie factoribus Johanne de Greningen, nec non heinrico de Inguiler impressorie artis magistris in inclita argentinorum civitate, etc. impressum, mensis augusti die 28, feliciter est consommatum incarnationis dominice anno 1483, *in*-8°. grand, belle impression, beau caractère, beau papier, en bon état.

Supplementum chronicarum, etc. Autore jacobo Philippo bergomense *Venetiis,* impres. per albertinum de Lissona vercellensem, 1503, fig. Plans de villes, bizarres estampes.

Pii II, pontificis maximi historia rerum ubique gestarum, etc. *Venetiis* per joannem de Colonia, socium que ejus johannem Manthen de Gherretzem, 1447. Sans f°, grandes marges, beau caractère, papier fort, *in-f°*. Même vol. Margarita pœtica de arte dictandi ac praticandi epistolas, Alberti de Cyb. impres. *Paris.* per magistrum ulricum Guering, anno 1478. Même vol. Caii Plinii secundi novicomensis epistole, anno domini 1478, *Mediolani* per philippum Lavagniam mediolani civem. Ces deux derniers ouvrages sont moins beaux d'impression que le premier.

Q. Horatii flacci odarum libri 4, epodon liber unus, etc. Nicolai Perotti libellus de Metris odarum horatianarum, *Parisiis,* apud simonem Colinæum, 1528. Même vol. Ars poetica, Satyræ, *in*-8° complet, bien conservé.

Finis stultifere navis, impressum per Jacobum Zachoni de Romano, anno dom. 1495. Gravures en bois originales.

Orlando furioso, etc. Con gli argomenti in ottava rima di Iod. Dolce, di nuove figure adornato. In *Venetia*, 1596. Appresso di Nicolas Misserino, *in*-8°. Très-jolie édition, gravures pleines d'esprit et de feu, complet, caractères petits de toute netteté.

M. valerii Martialis epigrammata cum notis Farnabii, etc. accurante cornelio Schrevelio. *Lug. batav.* apud franciscum Hackium, 1656, *in*-8°. Belle édit. superbe caractère, ouvrage précieux.

P. Virgilii Maronis opera cum commentariis tib. Donati et servii Honorati, etc..Accesserunt iisdem

Probi grammatici, Pomponii Sabini, Phil. Beroaldi, Joan. Hartungi, Jod. Willichii, Georg Fabricii, etc. annotat. *Basileæ*, per Sebast. Henricpetri, *in*-f°., 1547.

Historia generalis plantarum, etc. cum fig. *Lugduni*, apud Guillel. Rovillium, *in*-f°. complet. Pausaniæ veteris greciæ descriptio, etc. L. Torrentinus Ducalis, thypographus, excudebat *Florentiæ*, 1551, *in*-f°. complet, d'une parfaite conservation, belle édit. belles marges.

Alchimia Andreæ Libavii, exornata est variis instrumentorum chimicorum figuris. *Francofurti* excudebat Joannes Saurius, anno 1506, *in*-f°.

Pauli Æmilii veronensis, etc. de rebus gestis Francorum. Arnoldi Ferroni burdigalensis de rebus item gestis gallorum. *Lutet. Paris.* ex officina Vascosani, 1566. Superbe édit. *in*-f°., grandes marges.

Joan. Ravisii textoris nivernensis officina, *in*-f° bien conservé. Imprimebat petrus Vidoveus, 1532. C'est une de ces compilations qui peuvent servir un homme de lettres, mais à l'aide desquelles un ignorant peut faire parade d'un faux savoir.

Titi Livii histor. rom. lib. 45. His adjecimus L. Flori epitomen, Sigonii chronologiam, Pomponii Læti de antiq. Roman. *Lutet. Paris.* apud. mich. Sonnium, 1573, grand *in*-f°. Livre précieux à consulter par ceux qui veulent connaître à fond, non seulement les faits de l'hist. Romaine, mais la position locale des édifices de l'ancienne Rome, les costumes, les coutumes particulières que les historiens font rarement connaître.

T. Livii patav. etc. histor. *Lugduni* apud J. Frelonium, 1553, grand *in-fº*. Belle édit. grandes marges, bien conservé; c'est ce qu'on peut nommer un ouvrage fait en conscience. Le nom des commentateurs de ce bel ouvrage suffit pour en donner une haute opinion. Auteurs et libraires depuis un siècle, depuis le triomphe éphimère du bel esprit sur le savoir, n'ont pu faire un pareil travail. Ces commentateurs sont Galeranus, Laurentius, Valla, Antonius Sabellicus, Beatus Rhenanus, Gigismundus Galenius, Theodoricus Morellus, Joannes Saxo, Jodocus Badius Ascensius, Cælius Secundus, etc.

Vitæ Græcorum, Roman. etc. autore Plutarcho. *Parisis* apud Jodocum Badium ascensium, 1532, *in-fº*. Le texte grec n'est pas joint à la traduction latine ; les vies sont traduites par différens auteurs célèbres par leurs connaissances dans les deux langues et par l'étendue de leur érudition.

Antiquitat. Romanorum corpus, etc. Thomâ Dempstero autore, *Genevæ*, ex thypographia Gabrielis Cartier, 1620, *in-4º*. C'est une suite de Rosinus, un supplément à son ouvrage si justement célébre chez les antiquaires.

Joseph. (Flavii) antiquitat. judaic. Rufino aquileiensi interprete, per hieron. Rupeum metinensem, 1535, *in-fº*.

Antiquitatum convivialium libri III, etc. autore Jo. Guilielmo Stuckio tigurino, *Francofurti,* in officina Cambierii, 1613. On n'imagine pas le parti que l'auteur a su tirer de son sujet. Quelle érudition curieuse il étale dans cet ouvrage! Il me rappelle le livre qui traitant de la chaussure des Juifs, est le recueil le plus instructif sur les usages de l'antiquité. On sent combien Athénée l'a servi dans ses recherches.

Liber chronicarum. Ad intuitum autem et preces providorum civium sebaldi Schreyer et Sebastiani Kamermaister, hunc librum dominus Antonius Koberger, *Nurembergæ* impressit, adhibitis tamen viris mathematicis pingendique arte peritissimis, Michaele Wolgemut et Wilhelmo Pleydenwurff, 1493, grand *in*-f°., got. complet, beaux caractères. Ce livre est chargé de figures et de gravures en bois. F°. 6, V°. Dieu lui donnant la bénédiction, fait sortir Eve du côté d'Adam. F°. 7. Adam et Eve sous l'arbre de vie, tenant une pomme à la main droite, se couvrent modestement avec un petit paquet de feuillage qu'ils tiennent de la main gauche. Sur la porte du paradis, on remarque des fleurons gothiques, surmontés d'une croix. F°. 10. Mathusalem, en habit flamand, tire son chapeau à Malaléel. F°. 9. Caïn tue Abel avec une hache d'armes. F°. 29, V°. Le temple de Minerve à Athènes est surmonté d'une croix. Quelques cartes à consulter dans ce volume, elles donnent les idées qu'on avait du globe et de la sphère à cette époque.

Annales-Magistratuum et provinciarum S. P. Q. R. ab urbe conditâ, per stephanum Vinandum, etc. *Antuerpiæ*, ex officina Plantiniana, 1599, *in-f°*. Quelle patience produisit de tels ouvrages!

Antiquité expliquée de Mont-Faucon, *in-f°.*, veau marbré. *Paris*, 1719, belle édit. bonnes épreuves.

Biblia. hæbraïca latina, Sebast. Munsteri translatione. *Basileæ*, 1546. Texte hébreux à côté du latin, belle édit. *in-f°*.

Lexicon græco-latinum, Henrico Stephano autore. *Genevæ* apud petrum Aubertum, 1621, *in-4°*.

Publii Virgilii maronis opera cum mauri Serri honorati grammat. comment. Superbe édit. *in-4°*.

Lexicon pentaglotton, *Francofurti*, 1612, *in-f°*.

Galerani dodekakordon. *Basileæ* per henricum Petri, 1547, *in-f°*.

Æsopi vita et fabulæ. Fabellæ tres ex Politiano, petro Crinito, baptista Mantuano. Fabulæ Abstemii. *Parisiis*, ex officina Rob. Stephani, 1529, *in-8°.*, édit. précieuse.

Meditationes Divi Augustini. *Venetiis*, per Octavianum Scotum, 1483, *in-8°*.

Explicit liber B. Thomæ de Aquino. *Venetiis*, 1749, belle édit. *in-4°*.

Summa S. Thomæ de Aquino, *Venetiis*, 1477, *in-4°*.

Roberti Holkot opus, 1489, belle édit. *in-4°.*, got.

Homeri historici clarissimi traductio. *Parisiis*, impres. opera et industria Athonii Deniel, 1498.

Platonis opera Jehan petit, 1533, in ædibus ascensianis, *in*-f°., bonne édit.

Sphæra mundi in qua totius mundi fabrica, una cum novis Tychonis, Kelperi, Galilæi aliorum que adinventis continetur, autore Josepho Blancano. *Mutinæ* ex thypographia Juliani Cassiani, 1535, fig. *in*-f°.

Euclidis geometricorum libri, Campani, Theonis, Hypsiclis, comment. *Parisiis,* in officina Henrici Stephani, 1516, fig. *in*-f°.

Summa in virtutes cardinales, et vitia illis contraria. Exaratum est hoc opus in urbe Pisiana per magistrum ulricum Gering et G. Maynyal, 1480, got. grand *in*-4°.

Supplementum chronicarum per Frat. Jacob. Philip. bergomensem. Impres. *Venetiis,* per Bernardinum de Benaliis bergomensem, 1486, *in*-4°., got. fig.

Destructorium vitiorum, etc. à cujusdam fabrilignarii filio maximam ad ecclesiæ utilitatem, anno 1429. collecta ; de novo per me Henricum Quentell, Coloniensi incolam exactissime correcta ac summo studio impressa, 1480, *in*-f°. got.

Beati hieronymi Biblia. *Venetiis,* Magistri Johannis dicti Magni Herbort de Selgeuestat alemani impres. 1484, *in*-4°. got.

Martinus de fortitudine et temperantiâ. *Paris.* per Vuolfgangumhopyl, Almanum, 1490, *in*-4°.

Sermones aurei de Sanctis, Fratris Leonardi de

Utino, etc. quos compilavit ad inftantiam et placentiam magnifice Comitatis Uticenfis ac nobilium virorum ejusdem, M. CCCC. XLVI. Ni f°., ni lettrines, caractères d'une main incertaine, got.

Decreti aurei, impensis Adalrici Gering et magistri Bertholdi Rembolt; *Parisiis,* 1501, belle édit. grand *in*-f°.

Repertorium Alphabiticum Nicol. de Lyra. *Ex Valle Engadi* vulgo *Engetal,* 1508, *in*-f°.

Rationale divinorum officiorum, etc. *Vicentiæ,* 1478, *in*-4°. got. belle édit.

Les livres réunis à Morlaix formeront une bibliothèque de plus de vingt mille volumes. Elle est riche, comme je l'ai dit, en éditions de 1400. On y trouve tous les Pères de l'église, une belle collection de dictionnaires, tous les auteurs classiques de l'antiquité, beaucoup de voyages, de livres d'arts, des historiens, des poëtes. Il n'est pas de voyageur, à la paix, s'il est amateur de la bibliographie, qui ne doive faire un voyage à Morlaix. On y trouve entr'autres une quarantaine d'éditions du seul Thomas d'Aquin dont la moins ancienne est de 1519. Il existe dans cette bibliothèque des estampes, des plans, quelques bonnes cartes, quelques manuscrits. Dix volumes *in*-4°. bien reliés, manuscrits, d'une belle écriture; le Chevalier Desroches y rend compte de ses opérations quand il était Gouverneur de l'Isle de France en 1768, 1769, 1770, 1771. Cet ouvrage peut éclairer sur cette colonie, sur le commerce des Indes, sur l'esprit de notre ancien gouvernement.

Construction d'une galère ordinaire avec des leçons, propositions et principes de construction démontrés par diverses figures, par Mr Duguay, lieutenant des galères et de la réale, 1730, *in*-4°. Manuscrit bien écrit, bien conservé, avec fig.

Je vous engage à conserver avec soin dix-sept grands livres liturgiques des Recolets de Cuburien; ces manuscrits sur parchemin sont assez beaux pour qu'on les ménage.

J'ai vu l'amas de livres de toute espèce et surtout d'ouvrages ascétiques entassés dans l'église des Jacobins. J'ai jugé qu'ils étaient au moins au nombre de cinq mille. Ils ne doivent point passer l'hyver dans cet endroit humide, dans un magasin ouvert à tout le monde.

Il serait nécessaire de faire ôter des onze barriques qui les contiennent les livres de Pol-Léon, déposés dans la même église. Ils y contractent une odeur de lie de vin; ils y prennent une courbure défavorable, ils se déchirent contre des clous. Je ne doute pas que vous ne fassiez remédier, le plutôt possible, à ce désordre affligeant pour les lettres.

Maison de Lannigou, cabinet de Penanprat-Drillet.

Ce cabinet appartient à Lannigou, détenu comme père et beau-père d'émigrés [1].

Il contient en deux chambres, qui ne sont pas sous les scellés, environ deux mille trois cents ou deux mille quatre cents volumes. C'est la bibliothèque d'un amateur; elle est riche, en bon état, très-bien entretenue. Les livres rares, les éditions précieuses sont au nombre de cinquante-six. Je ne comprends pas dans le nombre l'Encyclopédie, première édition, les œuvres de Rousseau, de Voltaire, une grande quantité d'ouvrages qu'on peut se procurer chez les libraires. Les livres que j'ai fait séparer ne se réimpriment plus et ne se trouvent que rarement.

La partie géographique n'est pas riche; on y voit cependant l'Atlas de Buy de Mornas, *Paris*, 1761, *in*-f°.

Huit ou neuf morceaux ou recueils de musique méritent à peine d'être cités dans ce dépôt, où l'on peut voir encore une multitude de petits coquillages renfermés dans deux boëtes de fer blanc, des madrépores, quelques agathes, une araignée de mer, des buccins, des coquilles papiracées, des stalactites et

---

[1] Sébastien-René Drillet, sieur de Penanprat et de Lannigou, paroisse de Taulé, contrôleur à la chancellerie près le parlement de Rennes, en 1779.

quelques fragmens peu précieux des mines de Poulaouen et de Huelgoat.

On y trouve un globe céleste, une mappe-monde d'un pied de diamètre, *Paris,* 1754 (de Dénos); des sphères, systêmes de Copernic et de Ptolomée, un optique, une chambre noire, trois médaillons modernes assez bons et quelques médailles mangées de rouille, de Gordien.

Même maison, bibliothèque dite de Lannigou.

Mais, comme l'indique le revers des couvertures armoiriées et le nom de Penanprat, les livres qui la composent appartenaient au même propriétaire.

Elle contient beaucoup d'éditions de Blaeu, de Janson, des Elzévir, des Barbou; une quarantaine d'ouvrages précieux, des cartes, des livres géographiques, cosmographiques, quelques gravures sous verre, en petit nombre. Elle peut contenir cinq à six cents volumes.

Les objets précieux de ces deux cabinets ont été placés dans un petit boudoir, à gauche de la cheminée, dont le Juge de Paix (Jézéquel) a pris la clef.

Il serait à souhaiter qu'on y mit les scellés et qu'on les fit lever de temps en temps pour faire du feu.

Chez Jolivet, présumé émigré, sous scellé.

Une assez grande quantité d'in-4°. bien choisis, Molière, Buffon, Voltaire, l'encyclopédie par ordre de matières, quelques livres d'arts, des poëtes, les voyages de Cook, etc. Quatre ou cinq cents volumes de belles éditions bien conservés, et l'atlas céleste de Coronelli, l'essai de Berthoud sur l'horlogerie, avec figures, etc.

On y voit un tour en cuivre d'oré d'or moulu, appartenant jadis au ci-devant chevalier Doisy [1], auquel il a coûté deux mille écus ; l'arc et les montants sont de fer, ils posent sur un buffet à tiroirs de toute solidité, de trois pieds de haut, il est garni de tous ses instruments, les fers sont attaqués par la rouille ; il serait a souhaiter qu'on l'entretint en bon état.

La machine électrique (renfermée dans un cabinet voisin), dont le verre a vingt pouces de diamètre, est accompagnée de ses plateaux, de ses verges, de toute sa batterie.

Dans la Maison du Citoyen le Bozec.

Une bibliothèque appartenante à l'émigré Dumerdy de Quillien, ci-devant officier de dragons [2].

Elle contient huit ou neuf cents volumes bien con-

---

[1] Il existait dans le Nord deux familles du nom d'Oisy.
[2] Voir ci-dessus, p. 164, note.

servés et bien choisis, de rares éditions, beaucoup d'elzevirs, un manuscrit sur velin, dont l'écriture gothique est aussi parfaite que les plus beaux caractères de l'imprimerie.

C'est un livre liturgique, il commence par un calendrier. Les principales fêtes y sont seules indiquées. Les peintures et les Arabesques, dont cet ouvrage est chargé, ne répondent pas à la perfection de l'écriture.

La première image est celle de S. Jean, il porte un mouton sur un livre, il est vêtu d'une tunique jaune, d'un manteau rouge, sa tête est entourée d'une auréole. Un champ verd et sans perspective s'élève jusqu'au sommet d'une montagne, un autre monticule est couronné de murs, de crenaux de tourelles. S. Nicolas, S. Sébastien, S. Marguerite, Jésus crucifié, le jugement de Salomon, la présentation au temple, sont les divers sujets de ces tableaux, dont les couleurs sont bonnes, sans approcher de celles des beaux manuscrits de la bibliothèque nationale.

Les vignettes sont confuses, sans ordre, sans gout, sans dessein; les lettres d'or sont parfaitement conservées.

Ce manuscrit est précieux, je n'ai pas vu de plus belle écriture, format *in*-4°., il est réglé à larges marges, du velin le plus fin et le mieux préparé, d'une conservation parfaite.

On trouve dans ce cabinet un recueil de portraits

des plus célèbres peintres et des plus habiles architectes de l'Italie, Vazari, Raphael, André del Sarte, le Bramante, Fra Bartolomeo, Cimabue, Leonard de Vinci, etc. ouvrages gravés par Baron.

J'ai fait mettre à l'écart soixante-treize ouvrages de cette collection, dont le citoyen Bozec a le catalogue.

On a déposé chez le Citoyen Bozec, dans un hangard, trois grands autels de marbre. Un d'eux (c'était le maître autel de l'église de S. Martin) est d'un marbre blanc, tacheté de placards rougeâtres, les deux autres sont plus fins et moins communs, d'une couleur chocolat, mêlée de jaune de sienne.

Dans le même hangard, on trouve un pavé de marbre appartenant à l'église que je viens de citer, et deux anges de marbre blanc de Carare, d'un assez bon travail, ils sont à genoux, ont quatre pieds de haut, malgré cette attitude; je les vanterais un peu plus, si les chef-d'œuvres d'Italie ne m'avaient dégoûté des ouvrages modernes.

Chambre de lecture.

La bibliothèque de la chambre de lecture est bien choisie, mais peu nombreuse. Elle ne contient aucun ouvrage ancien; vous avez dû la faire essuyer, faire faire du feu dans ses salles.

Les principaux ouvrages des six à sept cent volumes qu'elle contient, sont :

L'atlas de Vaugondy.

Le voyage pittoresque de la Grèce.

L'encyclopédie, édit. de Paris, 1751.

L'encyclopédie par ordre de matières jusqu'à la cinquante-cinquième livraison.

Les vies de Plutarque, de Jacques Amyot. *Paris*, 1783, *in*-4°, sur papier velin d'Annonay, belle édit. grandes marges, vingt-deux vol.

Le cours d'hippiatrique par M. Lafosse. *Paris*, Edme, libraire, 1772, grand *in*-f° avec gravures enluminées, veau marbré, doré sur tranches.

Le journal des savans jusqu'en 1789, *in*-4°.

La bible de Dom Calmet. *Paris*, 1748, cartes, fig. reliée en veau.

Le dictionnaire universel de médecine, traduit de l'Anglais de James, par Diderot, Eidous et Toussaint, etc. *Paris*, 1746, six vol. *in*-f°, reliés en veau.

L'art de vérifier les dates, troisième édit. *Paris*, 1783, *in*-f°.

Table chronologique des diplomes, par Brequigny. *Paris*, imp. royale, 1769, trois vol. *in*-f°., etc.

Des dictionnaires, des journaux, des historiens, etc.

J'ai pris le titre de soixante dix-neuf des ouvrages qui la composent. Son catalogue a disparu.

Au Calvaire.

Une des collections les mieux choisies de Morlaix, est celle du ci-devant vicomte du Dresnay[1]. J'ai pris note de plus de cent des ouvrages intéressants qu'elle contient; les cabinets qui les renferment sont exposés à la pluie; il serait instant de les transporter dans un local plus sûr.

On y trouve trois cahiers représentans les vues de Monceau.

Dix-huit estampes dessinées par Carmontelle, gravées par Michault.

Les seize, dix-sept, dix-huit, vingt-un, vingt-troisième livraisons de la galerie du Palais royal; on m'a parlé d'un volume de cet ouvrage relié en maroquin, quelques recherches que j'aie faites je n'ai pû le trouver.

Deux volumes des voyages de Pallas avec figures. *N. Thomas direxit.*

La baraque rustique gravée par Janinet, d'après le dessein original de A. Ostade, 1673, cadre doré, sous verre, un pied de long, dix pouces de large.

Le nouvelliste, mêmes maîtres, mêmes dimensions.

La chasse au cerf de Wouvermans, gravée à l'eau

---

[1] Frère puiné du marquis mentionné plus haut. Il tenait du chef de sa femme la terre et comté de Boisjan (par. de Lanmeur). Il mourut à Londres, en 1797.

forte par Dunker, cadre doré, sous verre, long. treize pouces et demi, haut. huit pouces et demi.

La mort de Wolf, belle épreuve, cadre doré, sous verre.

D'autres gravures d'après Tenières[1], Baudouin, Huet, etc., au nombre de vingt-huit, cadres dorés, sous verre.

Le citoyen Bertrand, actuellement chargé du catalogue de la bibliothèque, m'assure avoir vu les animaux de Buffon enluminés, qu'il a reçus lui-même pour Dudresnay, des Ozane et des Vernet, tous ont disparu.

La nombreuse bibliothèque du Vte. Dudresnay est bien choisie, sans être celle d'un savant ou d'un homme de lettres.

On y trouve :

L'hist. naturelle de Buffon.

L'hist. de malthe de Vertot. *Lyon*, 1779, *in*-12.

L'hist. ancienne de Rollin. *Paris*, 1764, *in*-12.

L'hist. romaine de Rollin. *Paris*, 1771, *in*-12.

L'hist. ecclésiastique de Fleury. *Avignon*, 1777, *in*-4°.

L'hist. moderne. *Paris*, 1771, *in*-12.

L'hist. philosophique de Raynal. *La Haye*, 1774, *in*-8°.

L'hist. générale des voyages. *Didot*, 1752, *in*-12.

Le voyageur français, l'abbé Delaporte. *Paris*, 1772, *in*-12.

---

(1) Sans doute Teniers.

Le voyage aux Indes Occidentales par Bossu. *Paris*, 1788, *in*-12.

Le voyage de Banks. *Paris*, 1774, *in*-8º.

Le voyage au Cap de bonne Espérance, par Sparman. *Paris*, 1787, *in*-8º.

Le voyage de Cook. *Paris*, 1778, *in*-8º.

Le voyage de le Vaillant dans l'Afrique. *Paris*, 1790, *in*-8º.

La relation des Iles Pelew, *Paris*, 1788, *in*-8º.

Voyage d'Espagne. *Londres*, 1786, *in*-8º.

Voyage aux Isles Malouines. *Paris*, 1770, *in*-8º.

Voyages du jeune Anacharsis. *Paris*, Debure, 1789, *in*-8º.

Essais de Montagne. *Paris*, 1783, jolie édit., *in*-8º, dorée sur tranches.

Œuvres de Diderot. *Londres*, 1773, *in*-8º.

Œuvres de Caylus. *Paris*, 1787.

Lettres sur l'Italie, *in*-8º. *Paris*, 1785.

La reliure, le choix des exemplaires et des éditions est à remarquer dans cette jolie bibliothèque, enrichie d'ailleurs des œuvres de nos meilleurs poëtes, de l'encyclopédie, de romans et de bons dictionnaires.

Ce particulier avait un grand nombre de gravures dont quelques morceaux ont été conservés, j'en ai la liste.

Dans ce même couvent, on a déposé les livres de l'émigré la Grandière [1], et ceux d'un prêtre. En les par-

---

(1) Charles-Marie, comte de la Grandière, chef d'escadre (1784), mort à Rennes (1812), aïeul de notre contemporain l'amiral de la Grandière.

courant, je n'ai trouvé qu'un livre précieux, dont j'ai pris le titre; c'est l'architecture de Vitruve, traduite par Perrault, *in*-f°., 1684. *Paris,* chez Jean-Baptiste Coignard, belle édition, avec estampes de Leclerc. Ce livre est complet, mais en mauvais ordre; il serait utile de le faire relier au plutôt.

Ces trois bibliothèques ne peuvent rester au Calvaire.

Maison de Malescot-Kerangouez [1], sous scellé.

J'ai trouvé dans le cabinet de cet avocat un grand nombre de livres de jurisprudence, la plupart *in*-4°, de très-bons traités de médecine, les coutumes des principales provinces de la France, quelques historiens et trente-cinq ouvrages que j'ai fait séparer des autres.

Il renferme un amas sans ordre de minéraux, de coquillages de toute espèce.

On y voit :

Une géode mammelonnée de Hollande.

Une pierre calcaire dendroïte de Blois, joliment herborisée.

Du quartz mêlé de plomb, par assises régulières et distinctes, un assez beau morceau de quartz cristallisé, des montres d'agathe, de serpentine, de brocatelle, quelques tablettes de marbre d'Italie.

---

(1) Malescot, sieur de Kerangoué (par. de Lanmeur), avocat à Morlaix.

Des madrépores, des coraux, quelques coquilles peu précieuses garnissent les tablettes de la cheminée.

Ajoutez à tous ces objets le pied d'un vase de cuivre, peint en émail par Jean Cousin; il offre des amours, une espèce de Bachanale; sur le bourelet inférieur sont des Hercule dans des attitudes forcées, dans ces positions bizarres, premiers efforts des peintres qui se dégageaient des liens et de la sécheresse des premières écoles.

Ce Cabinet est en fort bon état.

Maison de Keranroux dont le propriétaire est en arrestation, comme père et beau-père d'Émigrés[1].

J'ai trouvé, dans cette maison, sous scellés, quarante-deux ouvrages que j'ai sortis du corps de la bibliothèque et qu'en présence du Juge de paix de Morlaix, et de celui de la commune de Ploujean, j'ai fait porter dans un sallon voisin, ainsi que quelques livres géographiques, un grand nombre de cartes, quelques cahiers de musique de Tessarini, de Couperin, d'Azaïs, de Locatelli, de Monteclair et de Guichart.

---

(1) Le propriétaire de Keranroux (par. de Ploujean), était François de la Fruglaye de Kervers, du chef de sa femme Sophie de Caradeuc de la Chalotais, fille du célèbre procureur général. Un de leurs fils fut pair de France sous Charles X.

Des desseins, des vues d'Italie exécutés avec facilité.

Des gravures sous verre, le Belisaire de Salvator Rose, gravé par Strange, et la bataille de Constantin, près du pont Milvius etc.

Une machine pneumatique; ses colonnes ont six pouces de haut, elle est garnie de plateaux et de bocaux à son usage.

Une machine électrique et sa batterie, un électrophore, un microscope; un buste en plâtre de la Chalotais.

Une superbe étude peinte à l'huile; c'est un Diogène ou le buste d'un Algérien, du meilleur style, pleine de nerf, de caractère. Les plis du front trop chargés de peinture me la font croire une copie, mais elle est belle.

Un planisphère céleste de 1708 par Brion.

Un niveau en cuivre.

Une multitude d'objets d'histoire naturelle, dont les principaux sont :

Une huitre épineuse, posée sur des tubes de corail blanc; elle est striée, mais peu profondément; sa robe et ses épines sont de couleur de chair. Sa conservation est parfaite.

Une branche d'arbrisseau marin, de couleur de corail, tenue par des racines soyeuses sur un caillou de granite roulé.

Des morceaux variés des mines de Poullaouen et de Huelgoat.

Et sur-tout une tête de Méduse dont le diamètre est de plus de quinze pouces, et les cheveux bien conservés, etc. etc.

J'ai pris note dans les appartemens du District des gravures qui s'y trouvent répandues et sur-tout de dix desseins d'Osanne, représentant tous les vaisseaux commandés par le ci-devant comte d'Hector, dans des positions différentes, en escadre, démâtés, battus par les orages, en calme ou frappés du tonnerre. Ces derniers objets originaux d'une main habile doivent être conservés avec soin.

Les principaux morceaux conservés dans les bureaux du District sont :

Pyrame et Thisbé, gravée par Vangelisty d'après Guido Reni.

C'est auprès d'un tombeau d'un grand stile que Pyrame et Thisbé sont morts. Le fond du tableau présente une campagne riante, un point de vue fort étendu, qui contraste avec la scène lugubre qu'offre la première partie de cette estampe. On connait le génie de Guido Reni et le burin de Vangelisty. Cadre doré sous verre, deux pieds de large, sur dix-huit pouces de haut, des premières épreuves après la lettre.

Les suites d'un naufrage d'après Vernet, gravées à l'eau forte par Nicolas Delaunay, et terminées au burin par Catherine-Elisabeth Cousinet.

Une barque se brise sur un rocher, une femme se sauve en élevant les bras au ciel. Une autre femme expirante est portée par deux matelots. Des rochers énormes, dominés par un vieux château, servent de repoussoir au lointain. Bonne épreuve, sous verre, cadre doré, longueur deux pieds, hauteur un pied quatre pouces.

L'accordée de village, la femme bienfaisante, le gâteau des rois, d'après Greuze, sous verre, cadres dorés, bonnes épreuves.

Autres gravures. Le grand naufrage de Vernet.

Le passage du Granique par Audran, d'après le Brun.

La bataille d'Arbelle, *idem*.

Le paralitique de Greuze, par Flipart.

Porus combatant.
Porus devant Alexandre.
La tente de Darius.
L'entrée d'Alexandre dans Babylone.
} De Lebrun, gravés par Audran.

Toutes ces gravures ont des cadres dorés, sous verre.

Deux tableaux de plantes marines.

Cinq petits bustes en bronze doré.

Dix desseins d'Ozanne, précieux, bien conservés.

Vue du vaisseau *l'Orient*, de quatre-vingt canons, commandé en avril 1778, par Hector[1], faisant partie de l'escadre de Dorvilliers, au combat d'Ouessant.

---

(1) Comte d'Hector, lieutenant général des armées navales en 1782 et commandant de la marine à Brest, mort en Angleterre en 1809 sans enfants.

La poupe de l'Amiral, d'autres bâtimens de l'escadre disposés avec art pour faire ressortir l'Orient, garnissent les fonds du tableau. Quelques rochers d'Ouessant s'apperçoivent dans le lointain.

Joli dessein, facilité, entente de la marine, sur fond de papier bleu, en crayon noir et blanc, sous verre, cadre doré, dix-huit pouces de long, sur un pied de haut.

Vue de l'*Eveillé*, de soixante-quatre canons, commandé par Hector. Il est battu par un orage affreux, la mer blanchit d'écume, est furieuse, le grand mât est frappé du tonnerre, les huniers sont enlevés, la pluie tombe à grands flots dans le lointain, l'obscurité générale n'est traversée que par les sillons de la foudre, elle laisse appercevoir un petit bâtiment brisé par la tempête, le jeu des voiles battues des vents est d'un effet très-pittoresque. Mêmes dimentions, etc.

Vue du vaisseau l'*Actif*, de soixante-quatorze, commandé par Hector, 1777. Il faisait partie de l'escadre d'observation aux ordres de Duchaffaut, donnant une fête en rade de Brest, à laquelle l'Empereur assista[1]. Tous les vaisseaux sont pavoisés; ce dessein est plus fini, produit plus d'effet encore, on les voit enveloppés de la fumée de leurs canons.

Les sept autres desseins d'Ozanne ne sont pas moins précieux, je les ai fortement recommandés à l'agent national.

---

(1) L'empereur Joseph II, frère de Marie-Antoinette, visita Brest en 1777.

Salle de l'ancien District.

On y trouve quelques flacons à l'esprit de vin; ils contiennent des insectes et des animaux.

Un plan de l'abbaye de Cuburien [1].

Des estampes d'après le Poussin.

Un joli portrait de la vierge sur cuivre, de huit pouces de haut, sur six de large, phisionomie pleine de douceur et de mélancolie, pinceau fin, délicat, dans le genre de Carlo Dolce.

L'encyclopédie, environ deux cents volumes.

Cinq vases de fayence blancs et or. Les ramages dorés, maisons, etc., en relief, en stuc sur émail, imitent à s'y méprendre, les anciens vases du Japon.

Il n'y a dans vos églises aucun tableau de prix, pas un morceau de sculpture qui puisse marquer dans les arts.

Vous avez onze colonnes de marbre aux Jacobins et sept à Notre-Dame, une multitude de jeux d'orgue et dans le chef-lieu et dans les différentes églises du district.

J'ai remis au citoyen Saillour, agent national du district, la liste des livres qui manquent à la collection

---

(1) Cuburien, sur la rive gauche de la rivière de Morlaix, n'était pas une abbaye, mais un couvent de Cordeliers, fondé en 1458, par Allain, vicomte de Rohan et de Léon, L'église, qui subsiste encore, date de 1527.

d'ouvrages géographiques et cosmographiques extraits des bibliothèques, pour être envoyée à Paris.

L'Atlas de Vaugondy et d'autres cartes manquent à la bibliothèque de la chambre littéraire.

On a malheureusement négligé de faire l'inventaire des maisons religieuses et des objets saisis chez les émigrés, les condamnés ou chez les détenus.

Je ne puis vous le dissimuler, je suis informé par la voie publique qu'une infinité de livres et d'ouvrages précieux ont disparu des diverses bibliothèques, surtout de celle du ci-devant vicomte Du Dresnay.

On me demande par-tout où sont les belles gravures de Kernier, de Lesquiffiou, de Kerlaudy [1].

Si précédemment l'insouciance a négligé tous ces objets, votre amour pour les sciences et pour les beaux arts va vous faire employer tous les moyens possibles pour recouvrer, du moins en partie, les objets qu'on ne retrouve plus dans les dépôts qui doivent les recéler.

J'oubliais de vous avertir que j'ai recommandé à la surveillance de la Municipalité de Paul-Léon le beau monument de l'évêque Visdelou, il existe toujours et quelques tableaux qu'il faut conserver, non qu'ils soient parfaits, non qu'ils soient les produits d'une

---

(1) Le nom de Kernier doit être écrit par erreur. Il n'y a aucun château de ce nom aux environs de Morlaix.

Nous avons dit que Lesquiffiou était en Pleyber-Christ.

Le château de Kerlaudy (par. de Plouenan, près de Saint-Pol, venait d'être reconstruit ar le marquis du Dresnay).

main habile; mais dans la disette des monumens des arts, vous ne pouvez rien négliger.

J'ai recommandé aux soins de la municipalité de Roscoff, la décolation de S. Jean. Un ange apporte une palme; il est bien posé, joli, bien colorié. On ne peut avoir un air plus modeste, une phisionomie plus agréable que la fille d'Hérodias. Quelques bonnes parties dans cet ouvrage, les autres médiocres ou mauvaises. On le croirait de deux maîtres; peu de perspective, mais j'en aime les couleurs.

A celle de S. Paul-de-Léon, un S. François, des rois, des princes, des évêques, un grouppe de reines et de dames de cour, sont à genoux près du Saint qui se tient de bout; des mitres, des sceptres sont à ses pieds. L'empereur tient avec respect le S. cordon qu'il lui présente; assez d'humilité dans tous les spectateurs pour contenter l'orgueil des capucins[1].

C'est une copie d'après Rubens, ou du moins d'après un maître de son école.

On y voit un ancien plan de S. Paul-de-Léon.

Un Christ à droite dans la même chapelle, qui sans avoir de dignité, a quelqu'expression dans la tête.

Les débris de jolis vitraux de la cathédrale qui représentent un acte de charité.

La municipalité de Paul-Léon a de plus été invitée

---

(1) Ce tableau existe encore.

à conserver la belle colonne octogone de Kersanton, qui se trouve actuellement dans la cour de la maison commune[1].

La grande rose de la cathédrale, la voûte de l'orgue dans cette église sont à remarquer ; cette voûte a seize pieds et demi de portée.

Sur l'autel de la Toussaint on voit un vieux tableau représentant l'eucharistie. Têtes pleines d'onction, de dévotion, de sentiment chez les apôtres. Ce n'est pas un tableau de premier mérite, mais il faudrait le conserver. Le coloris en est bon. S. Thomas se reconnaît à l'air tranchant, au doute insolent qu'il manifeste.

Le plus curieux monument de S. Paul-de-Léon, du Finistère, est le célèbre clocher de Creisker ; il a trois cent soixante-dix pieds d'élévation[2]. Rien de léger, de svelte, d'élégant comme ce brillant clocher ; il l'emporte sur toutes les aiguilles de ce genre que j'ai vues dans mes longs voyages.

On aurait peine à concevoir la quantité de statues qu'on a brisées dans cette église.

Quatre potences de neuf pieds six pouces de diamètre supportent le clocher de Creisker.

On voit dans la cathédrale de Paul-Léon un beau tombeau de marbre blanc, c'est celui de l'évêque Vis-

---

[1] Elle a disparu.
[2] Le clocher a seulement 80 mètres de haut, soit 240 pieds au lieu de 370 pieds.

delou⁽¹⁾; il fut fait en 1711 par Nicolas de la Colonge.

L'évêque couché sur sa tombe appuyé sur le bras gauche, réfléchit sur sa lecture. Il est couvert de riches habits pontificaux. Son attitude est simple. Sa figure sans avoir rien de noble, sans être d'une exécution parfaite, paraît ressemblante; elle est pleine de vérité. Il a ses gants épiscopaux, ce qui sauve à l'auteur la difficulté d'achever des extrémités toujours difficiles. La draperie n'est point tracassée; elle n'a pas assez d'ampleur. Les broderies sont larges et d'un bon style. La mitre qui ne porte sur rien, est riche de travail sans trop de recherches.

La tombe, d'une forme qui n'a rien de remarquable, est ornée de pilastres sur lesquels sont placées des têtes de mort; les armes de l'évêque sont au milieu du tombeau sur une autre tête de mort, emblême de la fragilité des grandeurs de ce monde.

Ce beau monument a sept pieds huit pouces de large sur cinq pieds dix d'élévation.

Le corps de Visdelou a cinq pieds quatre pouces de développement.

La municipalité n'a pas eu peu de peine à préserver le mausolée du sort qu'ont éprouvé la peinture, la sculpture et l'architecture dans tous les districts du Finistère.

---

(1) François de Visdelou, prédicateur de la reine Anne d'Autriche, Évêque de Madaure et coadjuteur de Quimper, puis évêque de Léon, 1661, mort en 1671.

A mon second voyage à Léon, j'ai vu deux bibliothèques qui n'ont pas été réunies à celle du district. Elles forment ensemble sept ou huit cents volumes.

Leurs ci-devant propriétaires étaient Hervé Chefdubois, et Poulpiquet⁽¹⁾.

J'observe à l'administration que, privée des bibliothèques de l'évêque, des chanoines et des émigrés, la commune de Paul-Léon n'a pas un livre à sa disposition.

Elle sollicite une encyclopédie qu'on ne peut pas lui refuser.

On voit à la Municipalité de Paul-Léon un très-grand Christ de le Brun, gravé par Audran, deux pieds dix p. de haut sur un pied huit pouces de large.

Grande carte de France de 3 pieds de large sur deux pieds huit pouces de haut. *Paris,* La Fosse, 1782.

La Europa dividada per Abad Clouet, *en Cadix,* 1776, avec gravures, trois pieds dix pouces de large, sur trois pieds de haut.

Plan de Paris, par Pichon. *Paris,* 1780, gravé par Glot, large de quatre pieds huit pouces, haut de trois pieds.

---

(1) Hervé de Chefdubois, sénéchal, maire et député de Saint-Pol aux États, fut décapité à Brest, en 1793. — Ses descendants portent aujourd'hui le nom de du Penhoat, traduction bretonne de Chefdubois.

La bibliothèque Poulpiquet était sans doute celle du château de la Villeneuve (en S. Pol), appartenant à M. de Poulpiquet de Coëtlez, aïeul du propriétaire actuel.

Carte de Bretagne de M^rs. de l'Académie royale des sciences, deux pieds deux pouces de large, sur un pied six pouces de haut.

Je me suis transporté à la ci-devant Retraite, maison d'arrêt qui contient environ 50 personnes. J'ai vu sur le maître-autel de la chapelle une Annonciation ; assez bonne copie qu'il faut conserver, dans la pénurie où se trouve le Muséum des arts dans Paul-Léon et dans le District.

Additions.

Coquillages déposés au District sous la clef de l'Agent national.

Vingt-six Buccins, grands et petits, parmi lesquels il s'en trouve trois gros à lèvres couleur de chair, et plusieurs à lèvres d'un brun foncé et striées.

Un Cœur, robe chocolat, couvert de vermisseaux de mer, blancs. Jolie coquille.

Un lépas strié, œil doré, d'une couleur jaune foncée, dentelé.

Des Peignes.

Un Cœur strié à coquilles épineuses.

Un demi Cœur, profondément strié, feuilleté, fond blanc, tacheté de rose en zigzague, etc., huit pouces de large, six pouces de haut, etc.

Château du Taureau.

La position du Château du Taureau sur une roche escarpée, n'a de remarquable que sa masse. Il se mêle aux paysages si variés de l'embouchure du port de Morlaix, de la côte de Tréguier, de celle de Paul-Léon, et de cette multitude de rochers élevés, pittoresques qui couvrent cette espèce de baye.

Le château fut construit de 1542 à 1552.

Les habitants de Morlaix en eurent la garde jusqu'en 1660. Alors le roi s'en empara. Depuis cette époque il a toujours été commandé par des Officiers de ses armées jusqu'à la révolution [1].

J'ai le plan de cette forteresse, il est impossible de l'asseoir avec plus d'intelligence sur le vaste rocher qui la porte. L'Ingénieur a profité des irrégularités mêmes du terrein, pour placer deux bastions avancés qui défendent l'approche des murs d'une forme triangulaire à l'est, demi circulaire à l'ouest. Elle est bâtie de grands quartiers de granite.

---

[1] *Itinéraire de Rennes à Brest*. M. Pol de Courcy complète et rectifie ainsi la description de Cambry. « Les bourgeois de Morlaix, pour se mettre à l'abri des incursions des Anglais, construisirent à leurs frais cette forteresse : ils en entretenaient la garnison et nommaient le capitaine élu pour un an, et qui était généralement le procureur syndic ou maire sortant de charge. En 1660, Louis XIV dépouilla la ville du glorieux privilège, unique à cette époque en France, d'exercer sa souveraineté sur une place forte frontière. Après cette confiscation, le château ne fut plus qu'une prison d'État. » Au nombre des hôtes du château on peut rappeler le procureur général la Chalotais (1765), le terroriste Royou-Guermeur (1793), les terroristes Romme, Soubrany et Bourbotte, qui se poignardèrent pour éviter l'échafaud, et, de nos jours, Blanqui...

Copie d'une pièce remise au Directoire du District de Morlaix.

Le 11 Vendémiaire, an II de la République française, une et indivisible.

Le citoyen Jezequel, Juge de paix de la Commune de Morlaix, a déposé au District quelques médaillons modernes en cuivre et quelques médailles de bronze.

Médaillons.

Sans revers.
- Cosmus II, Magnus Dux Etruriæ IV. Bronze. Trois pouces de diamètre.
- Mar. Magdalenæ Arch. Aust. Mag. D. Etr., même dimention, même maître. Bronze.

Un médaillon. Ludovicus XV, Rex christianissimus. Duvivier. Trois pouces de diamètre. Bronze.

Ludovicus XIV D. G. Fr. et Nav. Rex. Au revers, Anna D. G. Fr. Nav. Reg. Deux pouces de diamètre. Médaillon de bronze.

Andr. Hercules, Cardinal de Fleury. Au revers cette exergue : *bis pacem reddidit armis 1736*. Ce revers présente une masse entourée de serpens, un globe, une corne d'abondance; les instrumens du labourage, de la guerre et l'olivier de la paix servent de baze à la massue d'Hercule, faisant allusion au nom du Cardinal. Ce joli médaillon, bien conservé, est de Dacier. Deux pouces de diamètre. Bronze.

D. F. Comes a Lautrec, Legat. Reg. ad pacem Genev. 1738. Dacier. Au revers, *fortitudo, prudentia, æquitas, conspicuæ in uno*. Deux pouces de diamètre. Bronze. Médaillon.

Un petit médaillon de 18 lignes des armes d'un palatin ; deux lions pour supports et ces lettres W. P. Au revers une pompe, entourée d'un serpent, et le nombre 28 sur un asse figuré.

Un petit médaillon de forme oblongue, représentant l'enlèvement d'Hélène, coulé, imité de l'antique. Deux pouces de long, dix-huit lignes de haut, joli morceau.

Six petites médailles de bronze, mal conservées.

Les Empereurs.
{ Probus. Pour revers une Victoire.
Galien. Un Mars, Revers.
Claude. Un Autel, Revers.
Claude. Une Victoire, Revers. }

Une Impératrice. Le revers et l'exergue effacés ; une tête de femme, posée sur un croissant ; ce n'est pas Diane, mais une princesse sous ce déguisement. Saloni. Le reste est effacé.

Un Constantin.

Deux pièces de monnoies d'Henri IV et de Louis XIII.

Ces objets proviennent de chez l'émigré Guillotou Keuver. Ils ont été remis au District qui en a donné son reçu. J'en suis porteur.

« Un billet du citoyen Boucault m'apprit hier que sur la prise la Minerve il y avait une caisse de livres, qu'elle était à la disposition de la Nation.

Je me suis transporté ce matin chez le citoyen Cornic où cette caisse est déposée. J'en ai fait l'examen, elle contient 44 volumes dont j'ai pris les titres.

Onze brochures insignifiantes et des cahiers non reliés, déclamations ascétiques sur l'amour de Dieu, etc.

Vous avez peu de livres italiens dans votre bibliothèque, une occasion favorable se présente d'en augmenter le nombre. Ces ouvrages ne sont point du premier intérêt, mais ils sont d'un style moderne, mais ils serviraient un littérateur. Vous jugerez s'il est à propos de les faire transporter aux Jacobins, après les formalités requises.

On pourra les faire estimer, pour que les matelots qui s'en sont emparés ne perdent pas la rétribution qui leur est dûe. Les sujets traités dans ces ouvrages étant peu curieux à l'époque présente, je crois qu'en vente publique ils ne seraient pas vendus plus de cent francs.

Je n'ai pas fait connaître la nature des livres italiens trouvés dans cette prise. Le District a du les acquérir pour sa bibliothèque.

Deux ouvrages m'avaient paru mériter plus d'attention que les autres. Ils traitent des affaires du tems ; leur date (1792) me fit penser que j'y pourrais découvrir des faits, des projets utiles ou nuisibles à la République, je les lus avec attention.

Le premier est adressé à ce fameux Évêque de Prato et de Pistoia, qui depuis long-tems lutte contre les opinions du sacré collége, et servit Léopold dans ses projets de réformes en Toscane. Il est intitulé :

Lettera a Mgr Scippione de Ricci evescoso di Pistoia et Prato relativamente alle presenti circostanze della Chiesa di francia. In fuligno, 1792.

L'auteur combat deux fameux passages de l'Évêque de Pistoia, qui dit dans un mémoire :

« Après avoir démontré que le serment exigé par
« l'assemblée n'est pas contraire aux principes de la
« religion (s'il est tel que les papiers publics le font
« connaître) il est indubitable que les ecclésiastiques
« sont obligés de le prêter, que ceux qui le refusent
« sont criminels envers l'état et peuvent être chassés
« comme rebelles et désobéissans. »

L'Évêque de Pistoia, termine le même ouvrage par ce passage :

« En général je ne peux imaginer pourquoi l'on
« refuserait de s'adresser à la Municipalité pour éta-
« blir les preuves de mariage, de naissance et de mort.
« Tous ces réglements regardent le gouvernement qui
« peut prescrire une marche uniforme à ses sujets hé-
« rétiques, infidèles ou catholiques. »

Ces assertions sont attaquées par notre auteur avec toute la subtilité d'un italien. La raison ou la philosophie triompheraient avec facilité de ses objections; mais un prêtre est toujours contraint, les données communes qu'il ne peut rejetter l'embarrassent, je ne sais ce que l'évêque catholique répondrait à cette question :

« Qu'auriez-vous dit, Monseigneur, à un Arien qui,
« pour vous déterminer à souscrire la seconde for-
« mule de Sirmius, prescrite par une nombreuse as-
« semblée d'évêques, autorisée par un Empereur puis-
« sant, vous eût fait l'argument que vous venez de
« produire. »

L'ouvrage intitulé : *Delle cause de mali presenti e dell timore de mali futuri e suoi remedi, aviso al populo christiano, del Conte Canonico Alfonso Muzzavelli*. In fuligno, 1792.

C'est une capucinade forcée de tous les passages des prophètes, mais qui n'est pas sans intérêt. Elle fournirait un sermon plein de chaleur au catholique qui saurait en rapprocher les passages, en presser les idées, en serrer le style trop lâche. On cherche, dit-il, la cause de la chute des Français, elle est dans leurs crimes, dans l'oubli de Dieu. Ils sont les pères de l'incrédulité, ils ont vomi par-tout le luxe, la bonne chère et la débauche. Les perturbateurs ont attaqué l'église ; les prêtres ont perdu la simplicité apostolique ; les rois ont méprisé les hommes ; Dieu frappe, c'est son bras qui fait la révolution. Rentrons en nous-mêmes à l'aspect de ce grand exemple, adorons Dieu, triomphons de nos sâles passions, couvrons nos têtes de sacs de cendre ; le bonheur n'est pas sur la terre; c'est un mauvais passage qu'il faut se hâter de quitter.

On trouve parmi les livres provenant de cette prise,

Ignatii Rossii Commentationes Laertianæ. *Romæ*, 1788, *in-8°.*, belle édition.

Compendio della storia degli ordini regolari esistenti. *Roma*, 1791, trois volumes, fig.

De dritti dell uomo lib VI, Opera di Nicola Spedalieri siciliano. *In Assisi*, 1791, *in-4°*.

Istoria degli ultimi quarto secoli della Chiesa descrita da Fr. Filippo Angelico Becchetti, tomo VI contenenti la storia della Chiesa, dall'anno 1471 all anno 1510.

E il tomo VII dall anno 1510 fino all anno 1525. *Roma*, 1793, presso *Antonio Fulgoni, in-4°.*

Critica della Storia ecclesiastica del abate Claudio Fleury. *Roma*, 1784, trois vol. etc.

On demandait depuis long-temps des détails sur la vie de Duguesclin : on en trouvera d'étendus dans un manuscrit de vingt-deux mille six cents trente-deux vers alexandrins, que dans ma visite du Finistère, j'ai trouvé sous un monceau de livres théologiques de la bibliothèque des Jacobins de Morlaix.

Cet ouvrage, chargé d'abréviations, est fort ancien. Il est écrit sur cent vingt-trois feuillets, grand *in-f°.*, parchemin. Ces feuilles ont treize pouces de haut et dix de large.

D'assez mauvais dessins coloriés au bas de la première page, montrent Duguesclin à la tête d'une multitude de chevaliers portant des lances, des haches d'armes, et des casques terminés en pointe. L'aigle de sa maison est peint sur sa cuirasse.

Tous les vers commencent par une lettre majuscule. La première lettre de chaque chapitre est dorée, ornée de mauvais desseins rouges, de têtes de moines bizarrement coeffées.

Nous aurons probablement assez de détails dans ce livre pour qu'on puisse écrire enfin d'une manière supportable, la vie d'un des plus grands hommes de la France, pour retrouver d'anciens usages et pour rectifier des erreurs que le défaut de mémoires a fait commettre à ses historiens.

Ce que j'ai lu, ce que je vais copier n'annonce pas un poëte, mais un homme minutieux, verbeux. Nous aurons moins de fleurs et plus de fruits peut-être.

> Seigneur or faites paix pour Dieu le roi divin
> Le jour qu'aux noces fut de saint archedeclin
> Nous veuille tous garder et donner bonne fin
> Comme vaillant ome chevalier et meschin
> Bourgeoises et bourgeois prêtres clers Augustin
> Et je vous chanterai commencement et fin
> De la vie vaillant Bertrand du Glaicquin
> Connetable de France et vaillant paladin

Qui tant fut redouté jusques a leau du Rhin
En France en Auvergne et dedans limosin
Que tant le redoutait Juif et Sarazin
Quonques depuis le temps du roi alexandrin
Et du tems godefroi ne de saleadin
Ne regna onques tel pour maintenir bien
Les chroniques en sont ne cuidez que devin
A saint Denis en France ecriptes en latin
Seigneur or faites paix et à moi entendez
Vous qui voulez raison et qui honneur avez
Et vous tourné vers moi je crois que vous riez
Le livre suffisant qui nouvel est rimé
Cil qui le mit en rime. . . . . .
Et pour l'amour du prince qui de Dieu soit sauvé
Assurement par lis beaux faits oubliés
Du vaillant conétable qui tant fut renommé
En a fait les beaux vers nouvellement ornés
Seigneur cil conetable fut Bertrand appelé
Il étoit gentilhome cest bien la vérité
Mais pauvre chevalier fut et bien peu renté, etc.

Le citoyen Leclech de Plouganou, archiviste, travaille à copier cet ouvrage [1].

---

[1] Les vers cités par Cambry sont le début du poëme de trente mille vers attribué à Cuvelier, trouvère du XIV siècle. Cette épopée intitulée : *La vie vaillant Bertran du Guesclin* a été imprimée en tête des *Documents inédits sur l'Histoire de France*, publiés par ordre du roi Louis-Philippe (1re série. Histoire politique, t. I (1839).

Cambry nous donne-t-il sa *lecture* ou la *lecture* de Leclech ?... C'est ce

Le n°. 58 de la chronique de Paris, mercredi 21 octobre 1789, page 236, dit du citoyen Leclech, à l'article, *Science intéressante :*

« On propose par souscription un petit ouvrage
« intitulé : Précis des principes généraux de la décom-

---

qu'il ne nous dit pas. Quoi qu'il en soit, la copie ci-dessus est souvent erronée, quelquefois incompréhensible, et en plusieurs endroits elle dénature le sens de l'original. On reconnaîtra ces défauts en conférant cette copie avec le texte établi par M. E. Charrière.

Seigneurs, or escoutez pour Dieu le roi divin.
Que nostre sire Dieux, qui de l'eaue fist vin
Le jour qu'à noces fust de S. Archedeclin,
Vous veille tous garder et donner bonne fin.
Or me veilliez oïr, chevalier et meschin,
Bourjoises et bourjois, prestres, clercs, jacobin,
Et je vous chanterai commencement et fin
De la vie vaillant Bertran du Guesclin [1],
Connestable de France, le vaillant palazin,
Qui tant fut redoubtez jusqu'à l'eaue du Rhin,
En France, en Auvergne et dedens Limosin [2].
Oncques depuis le tamps le roi Alixandrin,
Ne puis le roi Artus, ne le bon roi Pepin,
Ne du tamps Gaudefroy, ne de Salehadin,
Ne régna oncques telz pour maintenir hutin,
Que croniques en sont, ne doubtez qu'adevin [3].

Seigneur, or faites pais et à moi entendez.
Vous qui volez raison et qui honneur gardez,
Or vous traiez vers moi ; je croi que vous orrez
D'un livre souffisant, qui nouvel est rimez.
Cilz qui le mist en rime fust Cuvelier n(ommez) ;
Et pour l'amour du prince, qui de Dieu soit sa(uvez)
Afin qu'on n'éust pas les bons fais oubliez
Du vaillant connestable, qui tant fu redoubtez,
En a fait les beaux vers noblement ordenez.

(1) Variantes : du Claquin.
(2) Que tant le redoubtoient Juyfs et Sarrazin.
(3) A Saint-Denis en France escriptes en latin.

« position des langues, ou découverte de leur cons-
« titution en vingt-quatre mots.

« Ce petit ouvrage a pour but de faire connaître
« les objets par la langue, comme la langue l'a été
« jusqu'ici par les objets. On souscrit à Paris, chez
« M. Leclech, etc. »

J'ai le manuscrit de cette singulière composition, et des notes à fournir sur son auteur. Je me propose de les donner incessamment [1].

Vous devez au citoyen Gratien la conservation de deux tableaux du citoyen Valentin. Ils sont encore dans la ci-devant église de S. Melaine. Un de ces tableaux présente l'enfant Jesus sur un globe, l'autre offre un ange arrachant un jeune homme aux flammes du purgatoire.

> Seigneur, cilz connestables fust Bertran appelez :
> Tant qu'il fut jeunes homs, c'est bien la véritez,
> Poures chevalier fust et pouvrement rentez;
> Mais ainsois qu'ils éust ses .L. ans passez
> Fust sire possessans des .II. nobles contez,
> Et en Espaigne fust ducs et contes nommez, etc.

Pourquoi Cambry n'a-t-il pas copié un peu plus bas le portrait du héros breton ?

> Je crois qu'il n'eot si lait de Rennes à Disnant :
> Camus estoit et noirs, malostru et massant.

(1) Cambry a tenu sa promesse. V. dans son *Voyage* (p. 97 et 102 à 109, éd. de 1836), son appréciation de Leclech qu'il appelle *être singulier, extraordinaire*. — Leclech, notaire à Plougasnou, avait travaillé à mettre quelque ordre dans les archives de la commune; de là le titre d'*archiviste* que lui décerne Cambry.

Les accidens qui peuvent avoir lieu dans un magasin menacent ces ouvrages estimables, exposés d'ailleurs à l'humidité du local ; il serait à propos peut-être de les faire enlever avec précaution, de les placer dans un lieu sûr et plus sec.

Ces morceaux sortis du pinceau d'un artiste de la ci-devant Bretagne, par cette particularité et par leur mérite, sont dans le cas d'être ménagés par de ci-devant Bretons et par des amateurs de la peinture.

S. Jean du Doigt, District de Morlaix.

On ne remarque aucun débris de l'ancienne chapelle de S. Meriadec, sur laquelle le premier août 1440 le Duc de Bretagne, Jean V, fit élever l'église de S. Jean du Doigt. Elle fut achevée en 1513. C'est une espèce de Basilique à ceintres aigus soutenue par des piliers de deux pieds de diametre très-hardis, évuidés, très-élevés. Les artistes du temps passé tâchaient d'unir le merveilleux de l'architecture aux merveilles de la religion.

On y possède le doigt miraculeux de S. Jean dont le corps fut brûlé par ordre de Julien l'apostat, à Samarie. Les maltois disputent aux bretons la possession de cette relique. Un savant [1] les accorde en assurant qu'à Malte, on possède le médius, en Bretagne l'index du Saint homme, il eut été plus difficile d'éclaircir

---

(1) Le *savant* est Albert Le Grand. V. p. 445 de l'édition de M. de Kerdanet.

l'histoire de ses têtes dont l'abbé de Vilars baisait un jour la septième.

Rien de remarquable dans cette église [1].

Le doigt est renfermé dans un étui de cristal.

On a cru qu'à la vente de l'argenterie des églises dans le dix-septième siècle, on avait fondu le calice de la reine Anne; je crois l'avoir trouvé, dans ma visite du trésor avec le citoyen Durivage, administrateur du District de Morlaix.

Ce calice a treize pouces de hauteur, la coupe a cinq pouces six lignes de diametre, six pouces de profondeur. La base du calice a huit pouces six lignes. Sur cette base sont exécutés des rameaux réunis par un amour qui ne cache rien. La pomme est ornée de huit médaillons des apôtres en émail. Sur la patene est un enfant-Jesus près duquel la Vierge et S. Joseph sont en adoration. Deux bergers attentifs sous une arcade contemplent cette scène. Ce joli morceau est exécuté en émail, sur un fond de couleur lie-de-vin. Le portrait, je le présume, d'un des maris de la reine Anne est en relief sur cette patène [2].

---

[1] Cambry est bien difficile quand il n'a vu rien de *remarquable* à Saint-Jean du Doigt. M. de Courcy a mieux vu. Lire sa très intéressante notice dans l'*Itinéraire de Rennes à Brest* (p. 238 à 248). L'auteur a omis le trait de mœurs suivant : Les jeunes filles de Saint-Jean ne dansent pas aux pardons; et voici pourquoi : c'est que la tête de saint Jean a été le prix d'une danseuse.

[2] V. une description plus complète et plus exacte de cette pièce dans l'*Itinéraire de Rennes à Brest*, par M. DE COURCY. — L'auteur rapporte cette œuvre de la Renaissance à Claude de France, fille d'Anne de Bretagne et femme de François Ier.

Tel est, Citoyens, le résultat de mes observations, de mes recherches dans votre District. Prêt à le quitter, je vous invite de me déclarer par écrit que je n'ai rien négligé pour m'acquitter ici de ma commission, et si j'avais oublié quelque objet qui la concernât, je vous invite à me le faire connaître.

14 Brumaire, an 3e de la République Française, une et indivisible.

Le Directoire du District de Morlaix

Au Citoyen CAMBRY, Commissaire du Département.

CITOYEN,

Nous avons reçu le rapport de tes opérations dans le ressort de ce District. Nous les connaissions d'avance et ton travail et tes soins nous avaient depuis le premier moment convaincus que la Commission administrative ne pouvait mieux placer sa confiance pour la mission dont tu étais chargé.

Nous ne voyons pas qu'il soit rien échappé à tes recherches; nous te rendons d'ailleurs la justice de dire qu'il n'était pas possible d'en faire de plus étendues que tu n'en as faites dans le peu de temps que tu as passé ici.

Quand dans quelques jours l'arrangement de la bibliothèque sera plus avancé, que nous aurons pris des renseignements sur les objets antérieurs à notre administration dont tu nous parles, et que nous serons moins surchargés de mesures pressantes, que tu ne nous as trouvés, il est plus que probable que ton retour ici te mettrait à même d'ajouter à ton travail.

Comme le devis des travaux pour l'établissement de la bibliothèque se trouvera sous ce temps fini et nous aura été remis, tu seras à même de t'assurer s'il remplit tes vues, et par la connaissance que tu as du local, de rendre sur cet objet au Département un compte qui décide son approbation.

Salut et Fraternité.

Signé, GUILLAUME, fils aîné; ANDRÉ-ROZEC, GUIOMAR, SAILLOUR, *Agent national;* BRIANT, *secrétaire*.

Carhaix.

Citoyens Administrateurs,

Le 27 Vendemiaire, an trois, vous vous décidâtes à mon invitation, à choisir pour local de votre bibliothèque, la maison du citoyen Théodore le Gogal; il voulut bien offrir à la nation l'usage de la salle principale de sa maison. Elle a vingt pieds de long, vingt pieds de large et vingt-cinq pieds d'élévation. Cette salle bien éclairée donne sur un jardin ; la vue s'étend au loin dans la campagne, son exposition au midi la rend favorable à la conservation des livres. Ajoutez à ces avantages la proximité d'une promenade publique. Il faut que l'étude soit facile.

Le citoyen Théodore le Gogal, maire de Carhaix, à son offre obligeante ajouta l'offre de ses soins pour former le catalogue de votre bibliothèque.

Vous attendez du Département une réponse pour faire commencer les réparations, les travaux nécessaires à cette bibliothèque. Vous devez lui faire parvenir le devis estimatif des dépenses qu'exige cet utile établissement.

Les livres réunis ou qui doivent être réunis au District proviennent :

Des Carmes déchaussés,

Des Augustins,

Des Ursulines,

Des Hospitalières,

De la maison de Kerampuil appartenant à C. Robert Saisy, père de cinq émigrés ;

De celle de Kersalaun, en Leuhan, émigré ;

De celle de Dugrégo, émigré, saisis à Trévaré, commune de Laz.

Livres de Dugrégo, émigré [1].

(Je vous préviens que je ne copie que les titres des principaux ouvrages, de ceux sur-tout qui peuvent servir les sciences et les arts).

---

(1) Charles-François-Jules du Bot, seigneur du Grégo (par. de Surzur) marquis de la Roche, baron de Laz, comte de Gournois (Guiscriff), vicomte du Curru (Milizac), etc. Il habitait le château de Trévarez, chef-lieu de la baronnie de Laz. — Le marquisat de la Roche, dont le chef-lieu, la Roche, était en Saint-Thoix, avait été érigé en faveur du fameux Troïllus de Mezgouez (1576). A sa mort, sa nièce Anne de Coetanezre, mariée à : 1° Charles Ier de Kernezne, vicomte du Curru; 2° Jean de Carné, baron de Blaison, gouverneur de Quimper, hérita du marquisat qu'elle transmit à son fils aîné Charles II

Hydographie contenant la théorie et la pratique de toutes les parties de la navigation, par le père Georges Fournier. *Paris*, 1643, *in*-f°. complet.

Relation de divers voyages curieux qui n'ont point été publiés, d'Hacluyt, de Purchas, etc. et de quelques persans, arabes, etc. *Paris,* 1663, *in*-f°. avec fig. ouvrage curieux.

Le trésor des trois langues espagnole, française, italienne, par Cæsar Oudin, etc. *à Cologne,* 1627, *in*-4°. complet.

The sea mirrour containing a briefe instruction in the art of Navigation, by William Johnson Blaeu, translated by Richard Hymners. *Amsterdam,* 1640, *in*-f°. complet, précieux, rempli de cartes.

Le cavalier français composé par Salomon de la Brove, quatrième édition *in*-f°. *Paris,* 1646, avec fig. rég. complet [deux exemplaires].

La Vénerie royale, par Robert de Salnove. *Paris,* 1665, *in*-4°. complet.

---

de Kernezne. Son fils, Charles III Robert, mourut sans hoirs; son oncle paternel recueillit le marquisat de la Roche et le transmit à son fils qui mourut sans hoirs, ainsi que son frère puîné. Le marquisat passa à leur sœur Thérèse Corentine, morte sans alliance à Paris, en 1759; elle laissa pour héritière Marie Haude du Chastel, femme de Hugues Humbert Huchet, comte de la Bédoyère. Celle-ci adopta Thomas Scolastique du Bot du Grégo, père de Charles, mort en 1812.

Ce dernier eut pour fille et héritière Louise-Exupère-Françoise-Charlotte, femme du comte d'Amphernet de Pontbellanger, puis du général baron Bonté, morte à Trévarez, le 17 janvier 1826.

M. du Grégo fut-il jugé émigré?... Du moins ses biens ne furent pas vendus et sa fille les posséda après lui.

Orlando furioso. *in Vinegia*, appresso Gabriel Giolito de ferari. 1546. Jolie édit. à deux colonnes avec estampes *médiocres*.

La Fortification d'Antoine de Ville, avec plans. *Lyon, in*-f°.

Dictionarium latino-germanicum et vice-versâ germanico-latinum, autore petro Dasipodio, *Argentorati*, 1537, *in*-8°. complet.

Leçons de Pierre Messie, *in*-8°.

Histoire de la grande isle de Madagascar, par Flacone. *Paris, 1661, in*-4°.

Testamentum Raymundi Lullii. *Coloniæ agrippinæ*, 1573, *in*-8°.

Codicillus Raymundi Lullii. *Rothomagi,* 1651, *in*-8°.

Lexicon à Carolo Stephano. *Parisiis*, 1620, *in*-4°.

L'Europe par N. Samson le fils. *Paris, in*-4°., 1647, recueil de cartes.

L. et M. Annæi Senecæ Tragediæ cum notis th. Farnabii. *Amsterdami*, apud J. Blaeu, 1656, jolie édit. reg.

Pub. Terentii comediæ. *Amstelodami,* typis J. Blaeu, 1653, jolie édit. reg.

Élémens de pourtraiture, par le Sr. de S. Igni. *Paris*. On y a joint : Libro novo da dissegnare, etc. studio del sig. Valese pitt. fatto *in Roma, in*-8°. Petit livre précieux, multitude de fig.

Historie fiorentine di nicolo Machiavelli. Aldus, 1546. Poi il libro del Principe; la vita di Castruccio

Castracani di Luca; descrittione del modo tenuto dal Duca Valentino ne lammazzare Vitellozzo vitelli, etc. Tutti di Machiavel.

Asvio di Parnasso nel quale si raconta la poverta e miseria dove e giunta la Republica di Venetia e il Duca di Savoia, scritto da un curioso novellista spagnolo, etc. in *Antopoli,* 1621, petit *in-4°*.

Traité de la composition et fabrique de l'Astrolabe, le tout traduit du latin de J. Stofler, avec annotation par J. P. de Mesme. *Paris,* 1560, *in-8°.,* fig.

Histoire du grand royaume de la Chine, traduit de l'espagnol par Luc de la Porte. *Paris,* 1588, *in-8°.*

Le grand éclaircissement de la pierre phisolophale pour la transmutation de tous les métaux, par N. Flamel. *Paris,* chez L. Vendomes, 1628, petit *in-4°.*

Revélation des mistères des teintures essentielles des sept métaux et de leurs vertus médicinales, composée en Allemand par F. Basile Valentin. *Paris,* 1668, *in-4°.* complet.

Trois traités de la philosophie naturelle, savoir ; le secret livre du très-ancien philosophe Artephius, les fig. hieroglyphiques de Nicolas Flamel, ensemble le vrai livre du docte Synesial, abbé grec. Le tout traduit par P. Arnault Sr. de la chevalerie, Poitevin. *Paris* 1612, *in-4°.* complet avec fig.

Quinte Curce traduct. de Vaugelas, avec les supplémens de Freinshemius sur Quinte Curce. Trad. par du Ryer. *Paris, in-4°.,* 1653.

Phaéton de Lully, in-f°.
Rolland de Lully, in-f°. } Musique.

Ces vingt-huit volumes, extraits des sacs qui les renfermaient, ont été remis par moi au citoyen Pourcelet (Beauverger, cadet) administrateur chargé de la partie des domaines; il doit, ainsi que les autres livres que j'ai séparés de la masse, les faire conserver avec soin jusqu'au moment où la bibliothèque sera prête à les recevoir.

On me parlait d'une vente de tableaux précieux faite au ci-devant château de Trévaré ; je n'ai pu trouver, chez les citoyens dont j'ai visité les cabinets à Châteauneuf, que des portraits en lambeaux : chez un gendarme, j'en ai vu sept provenant de cette maison, qu'il n'a payés qu'un écu ; ce sont de détestables portraits de famille.

A Kerampuil[1].

Appartenant à feu C. Robert Saisy, dont cinq enfans sont émigrés ; [le sixième est en arrestation à Carhaix].

---

(1) Charles-Albert de Saisy, conseiller au parlement de Bretagne, mort à Kerampuil, le 13 septembre 1793. De ses quatre fils, trois étaient émigrés, l'autre était incarcéré à Carhaix.

Le château de Kerampuil, très vaste, venait d'être achevé. La bibliothèque, formée par plusieurs générations de conseillers au Parlement, était très riche, elle fut pillée et saccagée. Cambry n'en a vu que les épaves. Parmi les pièces disparues on doit signaler les papiers du surintendant Fouquet, dont le frère Claude Bernard, comte de Chalains, était allié à la famille de Saisy.

Les tableaux de cette maison dont on m'avait vanté la beauté, sont aussi des portraits de famille; aucun d'eux n'est fait par une main assez habile, pour qu'on en orne nos *Muséum ;* quelques paysages que je n'ai pu voir, ont été vendus publiquement, avant la loi qui prescrit de réserver les objets relatifs aux arts. Dans la disette de tableaux qu'on éprouve à Carhaix, j'engage le district à conserver le très-joli portrait d'une jeune femme vêtue de noir et celui d'un Chevalier, à fraises, à moustaches, assez bien peint sur bois, que j'ai trouvés dans la bibliothèque de Kerampuil.

Cette bibliothèque, assez bien conservée, mais dans un désordre rebutant, est composée de huit à neuf cents volumes; c'est celle d'un particulier qui ne s'occupe que d'instructions relatives à la culture, et qui pourtant a pour sa femme, pour ses enfans, pour ses amis, des poëtes, des romans, quelques voyages.

J'ai distingué :

La manière de bâtir pour toutes sortes de personnes, par P. le Muet. *Paris,* chez J. Dupuis, 1664, *in*-f°. fig.

Dictionnaire économique de Chomel. A *Commercy, in*-f°.

Dictionnaire de Trévoux, *in*-f°.

Histoire ecclésiastique et civile de Bretagne de Dom Morice, *in*-f°., 1750.

Livre d'architecture de Jacques Androuet du Cerceau. *Paris,* P. Mariette, 1648, *in*-f°. fig.

Un recueil de cartes de Samson, *in-f°*.

Cartes et fig. du voyage de Banks, 1774. L'ouvrage de Banks est dans la bibliothèque.

Theory of Navigation demonstrated by James Hodgson. *London* (petit *in-4°., London*, 1733.)

L'art de convertir le fer forgé en acier et l'art d'adoucir le fer fondu, par M. de Réaumur. *Paris*, 1722, *in-4°*.

Dictionnaire d'Hippiatrique par Robaut. A *Bruxelles*, 1777, *in-4°*. fig.

La théorie et la pratique du jardinage. *Paris*, 1713, *in-4°*, fig.

La Vénerie royale. *Paris*, 1665, *in-4°*, par Salnove.

Des principes d'architecture, sculpture, peinture, par Félibien, *in-4°*, fig.

Œuvres de N. Boileau, *in-4°*. Paris, Billiot, 1713, belle édit. fig.

L'agriculture, poëme, Imprimerie royale, *in-4°*, de Rosset, fig. belle édit.

Cours d'architecture de Davillers. *Paris*, 1710, *in-4°*. 2 volumes.

Traduction de Virgile de Segrais. *Paris*, 1668, *in-4°*, belle édit.

Le parfait Maréchal, par Soleysel. *Paris*, 1718, *in-4°*.

Dictionnaire des antiquités romaines, ouvrage traduit et abrégé du grand dictionnaire de Samuel Pitsicus. *Paris*, 1766, *in-8°*. 3 volumes.

Précis des opérations relatives à la navigation intérieure de la Bretagne. *Rennes*, Vatar, 1785, *in-f°*, broché.

Le corps de la bibliothèque contient l'Histoire naturelle de Buffon.

Mémoires de Sully.

Histoire de la musique.

Voyages d'Anson.

Histoire des Juifs.

Les œuvres de Molière, Racine, Fontenelle, la Chaussé, Boissy.

L'histoire naturelle.

L'histoire ancienne de Rollin.

L'histoire de France de Velly.

Le Voyageur français.

Le voyage de Bernier.

Les délices de l'Italie, etc.

Les scellés n'étaient pas mis sur ces livres; j'engageai le citoyen Robert, agent national, à les y apposer.

Communauté des ci-devant Augustins.

Les livres de cette communauté sont déposés dans le bureau du citoyen Robert, agent national du district; ils sont en bon état, au nombre de trois à quatre cents. Il paraît que cette collection s'est formée depuis peu d'années; elle ne contient que des livres d'usage, bons, mais qu'on peut se procurer avec facilité.

L'esprit de l'Encyclopédie.

Les essais sur Paris.

Les œuvres de Montesquieu.

L'histoire de France de Velly.

Acutè dicta omnium veterum poetarum, edit. secunda. *Parisiis*, 1664, *in*-12, etc.

Les livres confondus des autres collections sont rassemblés au district.

Moralia beati Gregorii Papæ, impress. *Venetiis*, per Reynaldum de Novimagio Leotentonicus, anno dom. 1494, *in*-f°.

Biblia cum postillis Nicolai de Lyra, impress. *Venetiis*, curâ singuli optimorum, Johannis de Colonia, Nicolai Jinson, sociorumque, 1481.

Suit : libellus editus per magistrum Nicolaum de Lyra, in quo sunt pulcherrime questiones Judaicam perfidiam P. in catholicâ fide improbantes, *in*-f°. à relier sur-le-champ.

Eximii Patris Alexandrini comment. in Leviticum. *Lut. Paris.* in officinâ Wolgangi hopylii, 1520, *in*-4°, belle édition, bien conservée, fig.

Biblia cum postillis Nicolai de Lyra, impress. *Venetiis*, per Franciscum Renner de Hailbrun, 1483, *in*-f°.

Historia generalis Fratrum Discalceatorum ab Isidoro à Sancto Josep. *Romæ*, ex typographiâ Philippi-Mariæ Mancini, 1668, *in*-f°., belle édit.

De l'art de la navigation, traduit de l'espagnol par

Nicolas de Miolai. *Lyon*, Guillaume Rouille, 1569, *in*-4°.

Psalmi Davidis, etc. linguâ syriacâ, nunc primùm ex antiquissimis codicibus in lucem editi à Thoma Erpenio qui et versionem latinam adjecit. *Lugd. Batavorum*, ex typographiâ Erpenianâ linguarum orientalium, 1625; præstant apud Johanem et Elzevirios, in-4°, bien conservé, beaux caractères syriaques.

Geometria Euclidis a Boetio translata. *Parisiis*, 1500, per Impressorem Wolgangum hopylium, fig.

Liber Cronicarum cum figuris et imaginibus ab initio mundi, impressus in imperiali urbe Augustâ, a Johane Sehensperger, 1497, *in*-f°.

Euclidis megarensis geometricorum cum commentariis Campani, Theonis et Hypsiclis. *Parisiis*, in officinâ Henrici Stephani, 1516, *in*-f°, fig. bien conservé, belle marge.

Liber Psalmorum Davidis, ex Idiomate syro in latinum translatus a Gabriele Sionita. *Parisiis*, 1625, bien conservé, *in*-4°.

Marci Val. Martialis epigram. cum comment. Chalderini et Georgii Merulæ, Angel. Politiani cum figuris. *Lugduni*, in officinâ Romani Morin, 1522, *in*-4°, en bon état.

Cette édition très-curieuse, sans correction, dans toute sa pureté, offre des commentaires très-intéressans sur lesquels de chastes lecteurs ne peuvent porter les yeux.

Opus quæstionum divi Augustini. *Lugduni*, imp. Joannis e Recheel, 1497, *in*-4°, en bon état.

Baptistæ Mantuani opera, imp. Tielman Kerver, Jean Petit, 1503, belle édition.

Johanas Gasbaris Miricæi grammaticæ Syro-chaldeæ libri duo, quorum primus voces simplices, secundus vero conjunctas considerat, ex typographiâ syrâ Petri de la Rouviere, 1619, *in*-8°.

La Pyrothecnie ou l'art du feu, trad. de l'italien de Vanoccio Biringuccio, Siennois, par Jacques Vincent, *in*-4°, 1627, fig.

Institutiones ac meditationes in græcam linguam, Clenardo autore. *Lugduni*, 1557.

Liber Psalmorum Davidis, ex arabico in latinum translatus a Victorio Scialac et Gabriele Sionita. *Romæ*, ex typographiâ Savarianâ, *in*-4°.

Grammatica linguarum orientalium, Hebræorum, Chaldæorum et Syrorum, autore Ludovico de Dieu. *Lugduni Batavorum*, ex officinâ Elzevirianâ, 1628, petit in-4°.

Thomæ Erpenii rudimenta linguæ arabicæ. *Lut. Paris*, 1638, *in*-8°.

État général des domaines de France, manuscrit *in*-f°.

Quant aux quatre ou cinq cents volumes provenant des ursulines, ils ne contiennent que des livres ascétiques tels que :

Le temple de Salomon,

Le banquet sacré de l'Eucharistie,

L'année affective,

La métanéalogie sacrée, etc., et quelques livres formant sans doute la bibliothèque de leur directeur.

Georgii Pasoris Lexicon. *Genevæ,* apud Joannem de la Planche. 1632, *in*-8º.

Dictionarium historicum-geographicum-Poëticum. *Parisiis,* apud Franciscum du Caroy, typographum, 1608, *in*-4º.

Euclidis elementa mathematica, accessit decimus sextus liber de Solidorum regularium sibi in vicem inscriptorum collationibus, autore D. Francisco Flussate candalla. *Lutetiæ,* apud J. Dupuys, 1578, *in*-fº, fig.

Tractatus de generatione et corruptione, *in*-4º, manuscrit.

Joannis Artmanni, medicinæ doctoris, praxis chymiatrica. *Genevæ,* 1639, *in*-8º.

Novum testamentum. *Lugd. Batavorum,* ex officina Elzeviriorum, 1633.

Gema Frisius de usu globi, 1556. *Paris, in*-8º.

Ces livres étaient placés dans une armoire de l'escalier du District.

Dans le grenier de l'ancien District, j'ai trouvé des livres entassés sous un toit à jour. J'ai prié l'administration de les faire transporter dans un lieu qui les mettrait à l'abri de la corruption qui les menace.

J'ai vu dans l'église des Augustins, les débris d'une

tombe de Kersanton sur laquelle étaient sculptés les fondateurs, hommes et femmes, de ce Couvent; le costume, les traces de l'art sont tellement détruits sur ce monument, qu'il est impossible d'en rien juger avec précision.

Vous avez des orgues à la cathédrale[1], ce sont les seules du District.

Je vous invite à conserver un autèl de marbre assez joli de la paroisse de S. Pierre.

Vous devez mettre à l'abri de toute insulte six colonnes de marbre noir et rougeâtre des Ursulines, et six plus petites de la même espèce.

Le prétendu souterrain de Carhaix, qui n'est qu'un ancien aqueduc, n'est certainement pas un ouvrage romain; on y reconnaît un travail ancien, mais gaulois. Je ne crois pas plus aux origines romaines en Bretagne[2], qu'aux origines grecques dans l'Italie, qu'aux origines égyptiennes dans la Grèce.

La rue principale de Carhaix est pavée de quartz des environs de Callac; de Scrignac et du Guerlesquin.

---

(1) Carhaix n'a jamais eu ni évêché ni cathédrale : Cambry veut parler de l'église principale, la collégiale de Saint-Tromeur.

(2) Affirmation démontrée par nombre de découvertes faites à Carhaix même.

Quimperlé.

Citoyens Administrateurs,

Avant mon départ de cette ville, j'invitai l'administration à faire parvenir au Département le devis des réparations et dépenses à faire pour établir la bibliothèque du District dans une des ailes de la ci-devant Abbaye des Bénédictins, comme on en était convenu. Le citoyen l'Allemand se chargea généreusement d'en faire le catalogue, son âge très avancé, les froids excessifs de l'hiver ne lui ont pas permis de l'achever.

A mon dernier voyage à Quimperlé, je vous engageai à réparer au plutôt les fautes du hazard; vous m'avez promis de vous en occuper.

Malgré le transport fréquent des livres, malgré le peu de soin qu'on en eut dans les jours de la terreur, dans ces momens où l'idée de la mort de ses frères, de ses amis, détournait de toute idée, de toute occupation, ou le fer de la guillotine pendait sur toutes les têtes, je présume que les diverses bibliothèques des Jacobins, des Capucins, des Ursulines, des Bénédictins réunies au District, forment encore une masse de plus de 15,000 volumes.

Ceux des émigrés, etc., ont été vendus publiquement avant le décret qui commande de conserver à la nation les livres et les monumens des arts qui peuvent exister dans les Districts.

Je vais vous donner une idée des principaux ouvrages de votre collection, en ne parlant que de ceux qui peuvent intéresser par leur rareté ou par leur mérite.

Institutionum opus magnâ curâ ac diligentiâ emendatum, ac caractere jucundissimo impressum *Venetiis* operâ ac impensâ octaviani Scoti, finit feliciter anno incarnationis salutifere 1483 Kal. februarii.

Cette édition précieuse est assez bien conservée, enrichie d'un commentaire marginal. Beau caractère, bon papier. (Jacobins).

De symbolicâ ægygtiorum sapientiâ. Autore P. Nicolao Caussino Tresensi de societate Jesu. *Parisiis*, sumptibus Romani de Bauvais, 1618, complet *in*-4°. (Jacobins).

Il commence par une traduction latine du livre d'Orus Appolo. Terminé par des observations du père Caussin.

Ex Clementis alexandrini hieroglyphica. Incipiunt ænigmata Symposii poetæ.

Sous la même reliure, même édition, Polyhistor symbolicus, autore P. Nicolao Caussino.

Eusebii cesariensis episcopi Chronicon quod hieronimus presbiter divino ejus ingenio latinum facere curavit et usque in Valentem cæsarem romano adjecit eloquio.— Absolutum est in alma parisiorum academia per henricum Stephanum, 1518, *in*-4°. (Jacobins).

Cronologia, etc. autore johane Funccio. *Witeberge,* 1570, *in*-f°. (Jacobins).

Sexta centuria ecclesiasticæ historiæ, etc. in exilio per autores..... per joannem Oporinum, 1562, belle édit. *in*-f°., livre curieux.

A la fin de l'épitre dédicatoire, on trouve le nom de ces auteurs : Matias Flacius Illyricus, Johanes Vuigandis, Mathæus Judex. (Jacobins).

B. Gregorii turonensis episcopi historiarum, præcipuè gallicarum, Lib. 10. In vitas patrum ferè sui temporis L. 1. De gloria confessorum, precipuè gallorum L. 1.

Adonis viennensis episcopi sex etatum mundi breves, seu commentarii usque ad Carolum simplicem, francorum regem, in ædibus ascensianis, anno 1522. Beau caractère, beau papier, *in*-f°. (Jacobins).

Conradi aliechthenaw clorani à Nino assirio rege, usque ad tempora Frederici II. imp. etc. *Basilæ,* apud petrum Pernam, 1569, *in*-f°. (Jacobins).

P. 327, Paralipomena rerum mirabilium à Friderico II. usque ad Carolum V, augustum, hoc est ab anno domini 1230, usque ad annum 1537. (Jacobins).

Hoc volumen hæc continet : Isocratis oratio de laudibus Helenæ e greco in latinum traducta, Joanne Petro lucense interprete.

Tabula Herodoti in litterarum ordinem redacta. Herodoti halicarnassei libri novem è greco in latinum traducti, laurentio Vallense interprete.

Sous la même reliure en bois, même papier, même impression.

L. Cælii Lactantii firmiani divinarum institutionum adversus gentes, etc. Impressum *Venetiis*, per simonem Bevilaquam papiensem, 1497, *in-f°*., bonne impression. (Jacobins).

Un grand manuscrit *in*-f°. complet sur velin.

    De natura et origine anime.

    De proprietatibus elementorum.

    De mirabilibus.

    De moribus animalium. .

    De vegetabilibus et plantis.

Psalmi Davidis, Proverbia Salomonis, Ecclesiastes et Canticum canticorum hebraicè, cum interlineari versione sancti Pagnini, etc., ad hebraicam dictionem diligentissimè expensa. *Parisiis*, Sebastien Cramoisi, 1632.

Manuscrit *in*-4°. sur velin *complet*, intitulé : le jardin des bonnes mœurs, etc., anno dom. quadragintesimo decimo sexto, soixante-quatorze feuillets. Il avait des vignettes qu'on a supprimées, il s'en trouve encore une, page quarante-quatre. Elle représente un chevalier jettant des vases d'or sur le bord de la mer et s'entretenant avec Dieu qui lui donne sa bénédiction. Dieu porté sur un nuage tient le globe terrestre sur la main gauche. Les couleurs en sont assez vives, le dessin pitoyable.

Distinctio sancti Thomæ de aquino super quarto libro sententiarum.

Superbe impression, grandes marges, beau papier, complet, sans tache.

Opus præclarum sacre pagine doctoris eximii, etc. Impendio Joannis de colonia Nicolai Jenson sociorumque summâ cum diligentiâ, *Venetiis* impressum, 1481.

Liber primus in supplementum supplementi chronicarum ab ipso primo autore fratre Jacobo Philippo bergomense. Accuratiore studio repercussum, feliciter incipit.

Venetiis impressum opere et impensâ Georgii de Rusconibus 1513.

Livre complet, grand in quarto, belle impression, beau papier.

Textus sententiarum. Belle édition, beau caractère, grande marge, petit *in*-f°., anno 1486. Non attramentali pennâ cannâve, sed quâdam ingeniosâ arte imprimendi cuncti potenti aspirante Deo, in egregiâ urbe Basiliensi Nicolaus Kesler feliciter consummavit.

Sermones beati Bernardi *in*-4°. gothique, belle impression, sans date, très ancienne. (Bénédictins).

Vitæ Patrum *in*-4°. Bonne impression. impres. *Lugduni* per magistrum Wolff de lutreâ, 1502. (Bénédictins).

Petit manuscrit *in*-4°. de 1484 (c'est une légende).

Opus aureum, impensis honesti viri Constantini Fradin, *Lugduni;* operâ et industriâ Guil. Buyon, impressoris, 1519. (Jacobins).

Casus Lungi super institutis, *Parisiis* impressi impensis Joannis Parvi 1502, *in*-8°. (Capucins).

Lectio opus Roberti Holkot, 1489. Belle édition, sans nom d'imprimeur. (Jacobins).

Dialogus magistri Guillermi de Oclram. *Lugduni,* 1494. Belle édition, beau papier, belle marge, grand *in*-4°. (Jacobins).

Bap. Platinæ Cremonensis de honestâ voluptate; de ratione victus et modo vivendi; de naturâ rerum et arte quoquendi L. 10, in edibus Joannis Parvi, 1530. Belle édit. *in*-8°. (Jacobins).

Même reliure, même volume, même imprimeur.

Bap. Platinæ Cremonensis de falso et vero bono dialogi III; contra amores I; de verâ nobilitate I; de optimo cive II; panegyricus in Bessarionem; oratio ad Paulum secundum.

Summa Antonini archi-Episcopi Florentini.

Grande marge, superbe édition, très beau papier.

Annæi Lucani Pharsalia ex officina assensiana, 1506, *in-4°.*, très belle édition. (Jacobins).

Livre de théologie. Le titre et les premiers feuillets enlevés. Impressum *Veneliis* per Franciscum de Bailbrun et Petrum de Bartua, socios, 1477, *in-4°.*, bonne impression (Jacobins).

Caii Julii Solini de mirabilibus.

Même volume. Eneæ Silvii Senensis de duobus amantibus 1484.

Liber de miseriis Curialium.

Incipit Esopus vel Ysopus. Alii dicunt Galterus anglicus. Fecit hunc librum sub nomine Ysopi.

In-8°, beau caractère, livre précieux. (Jacobins).

Homeri opera greco-latina per Nicolaum Brylingerum, *Basileæ,* 1561 ; bonne édition, *in-f°.* (Bénédictins).

Q. Horatius Flaccus dionys. Lambini. *Lugduni,* apud Joann. Tornæsium 1561. Belle édition, bien conservée, *in-4°.* (Capucins).

Liber secundus summe Alexandri de alex. Joannes de Birretis et franc. Girardengus impres. 1489, petit caractère, chargé d'abréviations, *in-4°.* (Jacobins).

Legenda aurea. *Lugduni,* per mathiam Bush, 1487. Ce livre complet, assez bien conservé est orné de gravures en bois, propres à fournir des détails sur les costumes de cette époque, instrumens, armure, architecture, *in-4°.* (Dominicains).

Les délices de l'esprit, dialogues par J. Desmarets. *Paris,* Lambert, 1661 ; *in-f°.*

C'est la beauté de cette édition enrichie d'estampes de F. Chauveau, qui me la fait citer ici. Les estampes sont des plus belles épreuves, le livre *in-f°* bien conservé, à grandes marges. C'est un ouvrage précieux, une des plus riches éditions qu'on puisse voir. Qui ne connait pas ces estampes, ne connait pas le talent de Chauveau.

Jodoci Badii in stultiferas naves præcentus. Livre curieux, orné d'une multitude de gravures en bois, Jean Petit, 1507, *in-8°*.

Speculum stultorum, ibid., 1506, de lubrico temporis curriculo nec non de funere Caroli Octavi. *Parisiis*, per thomam Inglard.

F. bapt. Mantuani de contemnenda morte carmen.

Publii Ovidii Nasonis opuscula et moralia carmina.

Carmen morale Philipi Beroaldi; Celli Lactancii firmiani pia nenia; Dialogus linguæ et ventris; P. Fausti Distichon, etc.

M. fabii Quintiliani opera. *Parisiis*, ex officina clodii Chevalonii, 1527.

Un manuscrit sur velin en assez mauvais état, mais de l'an 1338, *in-4°*. (Jacobins).

Un Missel *in-f°*. de 1510, complet. Note de plein chant; un estampe au premier feuillet représente le Pere Eternel dans la gloire, il reçoit les ames du Purgatoire qu'un prêtre pousse par les pieds, ce que de pieux spectateurs voyent avec admiration; estampes en bois. (Capucins).

Laurentii Valle de lingua latina. *Parisiis,* in ædibus ascensianis, 1509, *in-f°.* (Jacobins).

M. fabii Quintiliani, etc. Nico. Savetirius, chalcographus. *Parisiis,* 1531, *in-4°.* (Bénédictins).

Simonis Metaphrastis in gesta sancti Nicolai. *Parisiis,* 1521. Simon. Colinæus.

De vita et moribus sacerdotum. *Parisiis,* ex officina Henrici Stephani, 1519.

Guiellermi de Mara, etc., de tribus fugiendis ventre, plumâ et venere; in officina Henrici Stephani. Ouvrage curieux et complet *in-8°.*

Marci Tullii Ciceronis opera omnia. A dionnysio Lambino, etc. *Lutetiæ,* 1573. Ex officina Jacobi Puteani, *in-8°.* complet.

M. T. Ciceronis officia cum annotationibus Erasmi et Philipi Melanchthonis. *Parisiis,* apud Antonium Bonnemère.

Persii familiare commentum, cum Joannis Britannici Eruditissimâ interpretatione, ex officina ascentianâ, 1534, *in-8°.*

Rhetoricorum ad herennium libri quartuor. M. T. Ciceronis de inventione libri duo, apud Seb. Gryphium, *Lugduni,* 1540, *in-8°.*

Aurellii augustini prima quinquagena. *Basileæ,* per magistrum Joannem de Amerbach, 1497. Bonne édit. bien conservée, *in-f°.* (Jacobins).

Joannis Capreoli liber. *Venetiis,* per octavianum Scotum, 1484, complet *in-f°.* (Jacobins).

Un manuscrit *in*-f⁰ de la bibliothèque des Jacobins, sur velin à grandes marges. J'y lis ces mots : isti sunt casus quorum absolutiones referuntur episcopo, homicidia, sacrilegia, incendium, peccatum contra naturam, defloratio virginum, violatio monialium, incestus, injectio manuum in parentes. (Jacobins).

Fasciculus temporum in universitate Lovaniensi, 1476.

Aimoini Monachi libri de gestis Francorum. *Parisiis*, 1603, *in-f⁰*.

Beati Gregorii, Episcopi, historia, *in*-f⁰.

Justini opera. *Parisiis*, 1585.

Clementis Alexandri opera. *Paris*. 1781, *in*-f⁰.

Modus legendi abreviaturas, 1541.

Biblia polyglota. *Paris.* excudebat antonius Vitré, Cleri gallicani typographus, 1645, dix volumes *in*-f⁰. (Bernardins).

Eusebii demonst. Evangelica. *Coloniæ*, 1688. (Bernardins).

Magna Bibliotheca veterum Patrum. *Parisiis*, 1654, dix-sept volumes *in*-f⁰.

Q. Septimii Tertuliani opera. *Paris*, 1664, *in*-f⁰. (Capucins).

Origenis opera omnia. *Parisiis*, 1733, deux volumes *in*-f⁰.

S. Cipriani opera. *Paris*, 1649, *in*-f⁰.

S. Aurellii Augustini opera. *Paris*, 1679, six volumes *in*-f⁰. (Bénédictins).

Bibliotheca Patrum græcorum. *Paris*, ... *in*-f°. (Bénédictins)[1].

Gregorii magni opera. *Paris*, 1675, trois vol. *in*-f°. (Bénédictins).

S. Ambrosii opera. *Paris*, 1661, deux vol. *in*-f°. (Bernardins).

Divi Hieronimi opera. *Paris*, 1534, *in*-f°. (Capucins).

S. Bonaventuræ opera. *Paris*, 1647, *in*-f°. (Capucins).

S. Bernardi abbatis opera. *Paris*, 1658, quatre volumes *in*-f°. (Bernardins).

S. Thomæ Aquinatis Summa theologica. *Lugduni*, 1677, deux vol. *in*-f°.

Divi Gregorii opera. *Paris*, 1533, *in*-f°.

S. Anselmi opera. *Paris*, 1675, deux vol. *in*-f°. (Bénédictins).

S. Optati opera. *Paris*, 1679, *in*-f°. (Bénédictins).

Magni aurellii Cassiodori opera. *Rothomagi*, 1679. (Bénédictins).

Gregorii Naziazensis apologiticus. *Coloniæ agrippinæ*, 1570, *in*-f°.

Leonis magni opera. *Paris*, 1671, *in*-f°. (Bernardins).

S. Chrisostomi commentarii in Psalmos, etc. 1614. (Ibid).

---

[1] Dans le texte : 1972. Comment corriger cette date fausse ? C'est probablement 1672. (V. BRUNET, *V° Despont*, II, p. 646.) Dans le doute on a laissé la date en blanc.

S. Hylarii pictaviensis Episcopi opera. *Paris*, 1652, *in*-f°. (Bénédictins).

Divi Irenæi opus. *Paris*, 1561, *in*-16.

Athanasii dialogi, 1570, *in*-8°.

Divi Fulgensis opera. *Basileæ,* 1631, *in*-12. (Bernardins).

Histoire des Juifs par Flavius Joseph, traduction d'Arnaud Dandilly, troisième édit. le Petit, 1670, deux vol. *in*-f°. (Bénédictins) précieuses gravures.

Geographiæ libri, per gerardum Mercatorem. *Amsterdam, in*-f°.

Hist. ecclesiasticæ scriptores græci. *Paris*, apud Nicolas Chesnau, 1571, *in*-f°. (Bernardins).

Aimoini Monachi de gestis francorum, *in*-f°.

Hist. Eccl. de Nicephore, *in*-f°.

L'ambassade de la compagnie orientale des Provinces-Unies, vers l'Empereur de la Chine. *Leyde*, 1665, *in*-f°. (Bernardins).

Scotorum historiæ, autore Boetio. *Paris*, 1575, *in*-f°.

Chronique de Saint Grégoire de Tours et d'Adon de Vienne. *Paris*, Jean Petit, 1511, *in*-f°.

Histoire Ecclésiastique de l'abbé Fleury. *Paris*, Mercier, 1722, trente-deux vol. *in*-4°.

Histoire de Polibe avec commentaire par Folart. *Paris*, 1727, six vol. *in*-4°.

Histoire de l'église par Eusebe de Cézarée. *Paris*, 1675, *in*-4°. (Bénédictins).

Histoire de l'église par Socrate. *Idem.*

Histoire de l'église par Sozomène. *Paris*, 1676, quatre vol. *in*-4°. (Bénédictins).

Le glossaire de Ducange, six vol. *in*-f°. *Paris*, 1733 [1].

L'ancienne abbaye dite de Ste Croix, à Quimperlé, la vieille église des Jacobins [2], celle de S. Michel, malgré les dégradations qu'elles ont éprouvées, offriraient encore des détails précieux aux amateurs des premiers siècles de l'art, à ceux qui suivent la marche de l'homme dans ses écarts, dans ses désordres, dans ses premiers pas vers le beau. Il existe dans cette ville et dans ses environs, dans tout le Finistère, une multitude d'abayes, de chapelles ruinées, de fontaines environnées d'ifs, de vieux chênes, de grands ormeaux, de croix bizarement placées, dont les Anglais enrichiraient à grands

---

[1] Cambry n'a pas vu, puisqu'il ne le mentionne pas, le Cartulaire de l'abbaye de Sainte-Croix. — Ce précieux manuscrit avait passé en Angleterre. Il y a été retrouvé, sur les indications de M. le comte de la Feronnais, par M. Maitre, archiviste de la Loire-Inférieure. Il sera prochainement publié, aux frais de M. le D^r Le Guillou, secrétaire de Dumont d'Urville dans un de ses voyages autour du monde (*Société Arch. du Finistère*, XIV, p. 85).

[2] Le couvent des *Dominicains* dits *Jacobins* était, de la couleur de leurs vêtements, surnommé l'*abbaye blanche*, par opposition à l'abbaye bénédictine de Sainte-Croix, dite abbaye *noire*.

Ce couvent avait été fondé, en 1255, par Blanche de Champagne, femme du duc Jean Ier. Au souvenir de cette fondation de Dominicains, Cambry entre en colère (Voyage, p. 363) : « On travaillait, » dit-il, « à placer partout ces furieux stupides... »

C'est dans l'église de l'abbaye *blanche* que fut inhumé Jean de Montfort, mort à Hennebont, en septembre 1345. Le comte de Montfort reposait sous une tombe de *bronze*, selon la déclaration passée par les Dominicains, en 1790. L'abbaye a été vendue nationalement ; et la tombe de *bronze* n'a pas été retrouvée lors de l'ouverture du tombeau, en décembre 1883. (*Bull. de la Soc. Arch. du Finistère*, XI, p. 278.)

frais leurs voyages ; j'ai regretté cent fois que la parcimonie française ne m'ait pas permis de conduire un dessinateur sur les différens points de vue qui m'ont frappé ; j'aurais donné au pays pittoresque que je viens de parcourir, la réputation qu'il mérite aux yeux des amateurs de la nature ; je connais cent morceaux dans le Finistère dont le peintre le plus opulent aurait embelli ses cartons. Je regrette sur-tout de n'avoir pas fait dessiner l'église de la place S. Michel [1], à Quimperlé, espèce de basilique dont les piliers, la construction, les arcades ceintrées, une tourelle octogone dont on voit encore les débris, annonçaient l'ancienneté. La légèreté de nos goûts futiles, les distractions du moment, tout s'opposait sous l'ancien régime aux travaux suivis qui pouvaient approfondir une partie quelconque des arts ; ne ressemblons pas à nos pères et ne faisons rien à demi.

Les plus anciens monumens de l'Italie ne datent guère que du siècle de Cimabué, et nous avions à Quimperlé le tombeau d'Alain Caignart, mort au milieu du XIème siècle ; sa courte épée, son bouclier, ses armes, le costume enfin de son temps était consacré sur sa tombe, elle est détruite ; cette précieuse médaille du temps passé n'est plus, regrettons-la, comme les cent mille que la barbarie du moment vient

---

(1) L'église de Saint-Michel, autrefois Notre-Dame, date des XIVe et XVe siècles. — La tour était couronnée d'une flèche couverte de plomb, qui venait d'être détruite à l'époque où Cambry écrivait.

d'anéantir, et résolvons-nous à l'ignorance, puisque notre féroce instinct et notre brutalité nous portent, comme des enfans malfaisans, à déchirer les pages de nos livres.

L'abbaye de Ste Croix [1], fondée en 1029, par Alain Caignart, au confluent des rivières d'Isole et d'Ellé, était occupée par de riches Bénédictins ; elle sert à présent à tous les corps constitués qui trouvent dans ses vastes emplacemens, dans ses greniers immenses, dans une multitude de jolies cellules ou de vastes appartemens, tout ce qui peut servir une Administration. Les escaliers, les voûtes surbaissées de ce bâtiment sont remarqués par les amateurs et par les architectes. L'église qui y est annexée n'a de frappant qu'une façade intérieure chargée de sculpture, mélangée de proportions sveltes, élégantes et de formes courtes et grotesques, ouvrages retouchés sans doute

---

[1] L'emplacement de l'abbaye de Sainte-Croix (dite *abbaye noire*) fut occupé, au VIe siècle, par un monastère fondé par Gunthiern, roi breton de Cambrie, réfugié en Armorique, où il se fit moine. En 1029, Alain Canhiart ne fit que transformer le monastère en une abbaye de bénédictins. Il fut inhumé dans l'église de Sainte-Croix, en 1059. Cambry avait vu sa tombe portant son image sculptée, et il en déplore la perte.

La construction de l'église décrite par Cambry est attribuée à l'abbé Bénédic, évêque de Nantes, mort en 1115. Elle se composait d'un chœur circulaire et d'une chapelle en hémicycle à chacun des quatre points cardinaux : elle figurait ainsi une rotonde et une croix. En 1862, on entreprit la restauration du vieil édifice, et la tour s'effondra sur l'église, entraînant dans sa chute toute la rotonde. « Les travaux avaient été confiés à un architecte de Paris, qui les surveillait à cent cinquante lieues de distance ; et l'absentéisme de l'architecte a été la principale cause du désastre. » M. DE COURCY, *Itinéraire de Nantes à Brest*. Le plan de l'ancienne église a été reproduit dans la construction nouvelle.

par un mal-adroit ou corrigés par un maître habile, conception singulière où j'ai cru remarquer la gaucherie de ce que composait l'auteur et l'agrément de ce qu'il exécutait d'après les desseins de son portefeuille. Ce travail, au premier coup d'œil, parait d'un seul maître; en l'examinant en détail, on y trouve Jésus-Christ adoré par quatre Anges, les quatre évangélistes sous des dômes œuvrés en tuffeau, les bustes de quatre prophètes et de quatre papes sortans du plein de la muraille, d'une mauvaise exécution, quoique les pauses des prophètes soient belles; on y trouve des statues de S. Pierre, de S. Jacques et de S. Paul, d'une élégante conception, d'une agréable exécution, on y voit la justice et la prudence, courtes, lourdes, et des pilastres, des vases, des coquilles, des arabesques du meilleur style.

Cette énigme me fut expliquée; l'ouvrage fut fait en 1541 et retouché en 1732; c'est ce que deux dates séparées me font conjecturer.

Le 26 fructidor, je recommandai au Directoire la conservation de ce travail bizarre, celle d'un tableau de S. Sébastien, d'un assez bon ton de couleurs, quoiqu'un peu fade, passablement dessiné.

Un autel de marbre rougeâtre veiné de jaune, un pavé de marbre blanc et noir;

Quatre grandes colonnes en marbre noir veiné de blanc, les colonnes de marbre chocolat agatisé, fermant la chapelle de S. Louis;

La belle boiserie du cœur qui pourrait orner la bibliothèque du District;

Trois tableaux réunis sous un même cadre;

Et le bel orgue de la même église.

J'invitai le Directoire à ne pas mettre en vente une énorme cheminée destinée jadis à la grande salle du château de Kimerch [1], elle est encore dans ses caisses et parfaitement conservée.

Cette cheminée est d'un beau marbre blanc de Carrare, les montans sont ornés de têtes de béliers d'un assez bon style. Sur le manteau de cette cheminée est sculptée la tête d'une femme couronnée de mirthe; des guirlandes de roses soutiennent ce médaillon. Il n'est aucun particulier qui puisse employer une pareille pièce, on la destinera probablement à l'ornement de quelques bâtimens nationaux, à la bibliothèque du District peut-être.

Les autres communes de votre arrondissement n'offrent aux arts aucuns monumens précieux [2].

A Scaër, l'église de Ste Candide est un recueil des plus risibles extravagances de l'imagination de nos

---

(1) Château de Kimerc'h, autrefois Keinmerch ou Kaynmerch, commune de Bannalec. En 1494, les tours de Kimerch servirent de modèle pour la construction d'une tour de Quimper, dont Charles de Kainmerch était alors capitaine (*Arch. du Finistère*, fonds du chapitre, Ste G, 92).

M. de Fréminville a décrit et dessiné le château féodal de Kimerch (*Antiq. du Finistère*, t. II, p. 157 et suiv.). Il nous apprend que le propriétaire de ce beau château l'*a rasé* en 1828 (!)

(2) Cambry ne songe plus aux ruines de Rustéphan (commune de Nizon), dont, plus haut, il a parlé incidemment (p. 14 et 38). Dans son *Voyage* (p. 380)

bons ayeux. Au milieu de Saints dorés, de Christs, de Vierges, de tableaux de la piété la plus superstitieuse, on voit, sculpté en bois ou sur le dur granite, un lapin jouant de la musette et faisant danser un chien; un singe montrant le derrière; un renard mangeant une poule; des fables d'Ésope, etc., etc.

Je recommandai à la commune une belle table de marbre noir de sept pieds de long, de trois de large et de huit pouces d'épaisseur; elle couvrit les cendres d'un Chevalier du temps passé.

Le Curé me vantait, comme de Valentin, une descente de croix placée dans son église; sa médiocrité m'empêche de la croire de ce maître dont j'ai vu de jolies compositions à Morlaix, à Quimper, etc.

Tel est, Citoyens Administrateurs, le résultat de mes recherches sur les sciences et les arts, dans l'étendue de votre District.

et suiv.), il décrit longuement Rustéphan, et d'une manière si inexacte que M. de Fréminville se demande si Cambry a jamais vu Rustéphan.

Cambry omet aussi l'abbaye de Saint-Maurice dans la forêt de Carnoët, comme il avait passé sous silence l'abbaye de Saint-Mathieu (Brest). L'église de Saint-Maurice, monument du XVe siècle, venait d'être détruite au temps où Cambry écrivait.

Châteaulin.

Citoyens Administrateurs,

A mon premier passage à Châteaulin, le travail des Commissaires nommés pour faire le catalogue de la bibliothèque était commencé. Le Citoyen Golias, Membre du District, et le Citoyen Quilfen, Juge du Tribunal, s'en occupaient.

A mon retour leur travail était achevé..., les cartes, dans les boëtes prêtes à partir pour le comité d'instruction publique. Ce sont les Citoyens le Golias, ex-Constituant, Marec et Giraud, Juges, qui *gratis* ont terminé ce travail.

Rien de curieux, d'important pour les arts dans le District. Les monumens de l'abbaye de Landevenec ont été brisés, détruits; la riche bibliothèque de cette communauté, visitée par Montfaucon, par Mabillon, a été dépouillée d'une partie de ses richesses, des livres en parchemin surtout dont on s'est servi pour humecter des tabacs. On avait fait porter cette bibliothèque au Port-Launay en 1792; ce n'est qu'à la fin de 1793, qu'on l'a fait parvenir à Châteaulin. J'ai prié le district d'essayer par une proclamation de faire rentrer les livres égarés qui pourraient n'être pas détruits, il me l'a promis. Outre les livres de Landevenec, on a remis à la bibliothèque de Châteaulin, ceux des Citoyens *le Gal* et *le Prédour*, Administrateurs de l'ancien Département du Finistère, et ceux de *Leisseigues Rozaven*, Curé de Plogonnec près Locronan [1].

Je vais vous donner une idée des livres les plus rares, réunis dans une salle, chez un particulier en arrestation. La Commune de Châteaulin n'a pas un local propre à la bibliothèque du District.

Dictionarum seu linguæ latinæ Thesaurus, édit. secunda. *Parisiis,* ex officina Roberti Stephani, 1543, *in*-f°.

L'antiquité expliquée de Montfaucon. *Paris,* 1719.

Lexicon scapulæ græco-latin. ex probatis autoribus.

---

[1] Au lieu de *Le Gal*, il faut sans doute lire *Le Gac*.

Yves Le Gac, 42 ans, homme de loi, né à Plounevez-Porzay — et Joseph Le Prédour, 36 ans, né à Pleyben, ex-notaire à Quimper, puis juge à Châteaulin, furent au nombre des vingt-six administrateurs du Finistère guillotinés à Brest, le 3 prairial an II (24 mai 1794).

Après leur exécution, la haine s'acharna sur leurs veuves et leurs enfants : Le Prédour laissait six enfants, dont l'aîné avait à peine six ans : « On procéda, » dit sa malheureuse veuve, « à la vente de tous les meubles qui composaient notre ménage... » Des trois fils de Le Prédour, l'un est devenu médecin en chef de la marine à Brest, l'autre vice-amiral.

Accedunt lexicon etymologicum et joannis Meursii Glossarium, édit. nova. *Amstelodami*, apud Joannem Blaen et Ludovicum Elzevirium, 1652.

Thesaurus linguæ sanctæ sive lexicon hebraicum, autore Paguino. *Lugduni*, apud Antonium Gryphium, 1577, *in*-f°.

Glossarium ad scriptores mediæ et infimæ latinitatis, etc. *Paris*, 1678, *in*-f° (Ducange).

Flavii Josephi antiq. *Lutetiæ*, in Ædibus Joannis Parvi, 1535, belle édit. complette, *in*-f°.

Jacobi fabri stapulensis epitome in duos libros arithmeticos divini severini Boëtii, etc.

    Jordani arithmetica.

    Ejusdem Fabri elementa musicalia.

    Euclidis elementorum geometricorum lib. XV, etc.

    Joannis de Sacrobosco tractatus de Sphæra.

    De annulo astronomico, liber Boneti de latis.

    Introductorium astronomicum ejusdem Fabri, theorias corporum cœlestium, etc. *Parisiis*, in officinâ henrici Stephani. Belle édition, grand *in*-4°, belles marges.

Francisci Willughbeii de Middleton in agro Warwicensi, armigeri e regiâ societate ornithologiæ libri III. *Londini*, Joannes Martyn, 1676, *in*-f°, beau papier, belle édit. bonnes épreuves, 77 planches, figures d'oiseaux bien gravées.

Sebastiani Foxii Morzilli Hispalensis commentatio n decem Platonis libros de republicâ, etc., *in*-f°. *Basi-*

leæ, apud Joannem Oporinum, 1556, bien conservé.

Annæi Senecæ Tragediæ. Typis Jodoci Badii ascensii, 1514, *in-f°.*, belle édition. Érasme est un des commentateurs de cet ouvrage.

In Carum Lucretium poetam Commentarii, a Joanne-Baptistâ Pio editi, codice Lucretiano diligenter emendato. Typis Jodoci Badii, *in-f°*, bien conservé.

Cornucopiæ seu latinæ linguæ commentarii completissimi Perotto Sinpontino pontifice autore, etc.

M. Terentii Varonis de linguâ latinâ libri tres et totidem de analogiâ.

Sexti Pompeii Festi librorum XIX fragmenta.

Nonii Marcelli, etc., etc.

Parisiis, 1529, veneunt apud Petrum Godoul. *in-f°*. bien conservé, bonne édit.

Opera Virgiliana, quæ omnia ab Ascensio, impendio Joannis Parvi, 1507.

Dionis Cassii Cocceiani historiæ romanæ libri 46, Joannis Leunclavii studio tam aucti quàm expositi. Accedunt R. Stephani, G. Xylandri, Fr. Sylburgii, H. Stephani, F. Nosini notæ. *Hanovriæ*, typis Wechelianis, 1606, *in-f°*, le texte grec à côté du texte latin.

Aristotelis Stagiritæ opera. *Lugduni*, apud Joan. Frellonium, 1561, excudebat Symphorianus Barbierus, gros *in-f°*. bonne édit.

Ad. titulum Britannici juris commentarii; author Bertrandus d'Argentre. *Rhedonæ*, ex prælo Juliani Duclos, 1576, bonne édit. *in-f°*.

Dn. Vdalrici Zahii e digestis titulorum lecturas. *Basileœ*, apud Jusingrinium, 1541, belle édit. *in-f°*.

Plautus integer, cum interpretatione Joannis Babtistæ Pii, impress. *Mediolani*, per Magistrum Uldericum, 1500, belle édit. bien imprimée, *in-f°*.

Plutarchi, etc. vitæ. *Basiliœ*, apud Mich. Insingrinium, 1542, belle édit. bien conservée.

M. F. Quintiliani oratores. *Parisiis*, ex officinâ Michaelis Vascosani, 1538, *in-f°*. complet, superbe édition, grandes marges.

Opus utrumque Homeri, Iliados et odysseæ, diligenti operâ Jacobi Micylli et Joachimi Camerarii recognitum.

Porphyrii philosophi Homericarum quæstionum liber.

Ejusdem de Nympharum antro in Odyssæâ opusculum.

Basileœ, apud Jo. Hevagium, 1541, *in-4°*. grec.

Vetus Testamentum græcum ex versione septuagenta interpretum, juxtâ exemplar vaticanum Romæ editum. *Londini*, excudebat Rogerus Daniel, 1650. Superbe édition grecque, *in-4°*. bien conservée, jolis caractéres, ouvrage précieux.

Textus ethicorum Aristotelis. *Paris*, 1502, Jehan Petit, bonne édit. bien conservée, *in-4°*.

Mercurii Trismegisti Pimendras utrâque linguâ restitutus, *Burdigelœ*, apud Sim. Millangium, 1574, *in-4°*.

Alexandri ab Alexandro, genialium dierum. *Parisiis*, apud Joan. Brachonier, 1566, *in*-8°.

Opera Quinti Horatii Flacci. *Basileæ*, per Henricum Petri, 1555; riches commentaires, *in*-4°.

Marci Tullii Ciceronis Tuscul. quæstiones ac commentarii Georg. Vallæ, Phil. Beroaldi et Joach. Camerarii, deindè Erasmi Roterodami, Jani Pagnini et Pauli Manutii, *Paris*. apud Jo. Roigny, 1549, *in*-4°.

Les grandes chroniques de Bretaigne, jusqu'au trépas de François Duc de Bretaigne, dernier trépassé, 1532. Cent cinquante-sept rois. (Brutus est à leur tête)[1]. Ce livre est orné de quelques gravures en bois.

Aristotelis commentationum de naturâ lib. VIII. Ouvrage grec, très beau caractère, belle édit. *Parisiis*, 1556, apud Guil. Morelium, *in*-4°. bien conservé.

Xenophontis opera, Joan. Lewenklaio interprete. *Basileæ*, per Thomam Guarinum, 1569, *in*-f°.

Biblia hebraica (ou plutôt les Prophetes.) *Parisiis*, ex officinâ Rob. Stephani, 1540, édit. superbe, hébraïque, à grandes marges, bien conservée, *in*-4°.

---

(1) Il s'agit des *Grandes Croniques* de Bretaigne composées en l'an 1514 par maistre Alain Bouchart, rééditées en ce moment même sous les auspices de la *Société des Bibliophiles Bretons*.

Cambry commet une double erreur. 1° Les Croniques composées en 1514 ne peuvent s'arrêter en 1532 (date de l'*Union* de la Bretagne à la France). Elles s'arrêtent en effet à la mort du duc François II (1488). 2° Bouchart ne fait pas de Brutus, duc de Troie, un roi de *notre* Bretagne, mais de l'île « qui est à présent appelée Angleterre. » Pour Bouchart, le premier roi de notre Bretagne fut Conan Meriadec, conquérant de l'Armorique (liv. II).

Joannis Buxtorsi Lexicon Hebraïcum et chaldaïcum. *Amstelodami*, sumptibus Joan. Jansonii, 1655, *in-8°*.

Pindari Pythia, Isthmia, etc., editio purissima, 1620.

Poggii Florentini historiæ convivales, etc. Jehan Petit. *Parisiis*, 1511.

Joannis Martini Problacion de usu Astrolabii compendium.

    Cosmographia Pii Papæ.

    Cosmographiæ introductio ; insuper quatuor Americi Vespucii navigationes.

    Clarissimi Hyginii Astronomi de mundi et spherâ, etc. (ce livre est orné de gravures en bois); autores vetustissimi nuper in lucem editi.

    Mirsel Lesbi. historiæ de origine Italiæ et Turrenorum.

    M. Porcius Cato de orig. gent. et urb. italicar.

    Archilochus græcus de temporibus.

    Metastenes Persa de judicio temporum et annalium persarum.

    Philonis breviarium de temporibus.

    Xenophon de*æquivocis.

    C. Sempronius de Corographiâ seu descriptione Italiæ et ejus origine.

    Q. Fabius Pictor de aureo seculo et de orig. urbis Romæ.

    Antonii Pii itinerarium.

    Berosus Babylonicus, etc.

Manethonis Egyptii historici supplement. pro Beroso.

Decretum Desiderii regis Italiæ.

Hos vetustissimos auctores nuper repertos impressit Bernardinus Venetus; anno à natali Christiano 1498, *in-4°*.

Un recueil de divers auteurs anciens, précieux. *Florentiæ*, operâ et sumptu Philippi Juntæ, 1515, grec et latin.

Theatrum Orbis Terrarum ab Abrahamo Ortelio, 1568, *in-f°*.

Bocace, des nobles malheureux. Nouvellement imprimé à *Paris*, l'an 1538, *in-f°*., caract. gothique.

Rerum mirabilium jam indè ab anno 1500, ad annum ferè LX in republica christiana gestarum, interprete F. Rovero Pontano. *Coloniæ*, apud jasparem Gennapæum, 1559, *in-f°*.

Michaelis Pitii neapolitani de regib. franc. hispan., etc. *Basileæ*, in offic. Frobenii, 1534, *in-12*.

Enchiridion rerum criminalium, etc., per D. Jodocum Damhouderium Brugensem, elegantibus aliquot figuris illustratum. *Lovanii*, ex officina Stephani Gualtheris, 1554, *in-4°*, estampes en bois.

Justi Velsii Hagani in Cebetis Thebani tabulam commentariorum libri sex. *Lugduni*, 1551, *in-4°*.

M. Fabii Quintiliani oratoriarum institutionum lib. XII. *Parisiis*, apud Sim. Colinæum, 1541, *in-4°*.

C. Plinii. Histor. *Lugduni*, 1548, *in-f°*.

Contenta in hoc volumine. Pimander, Asclepius, etc. *Parisiis*, typis Henrici Stephani, 1505, *in-8°*.

Conciliorum quatuor generalium, etc. *Parisiis*, apud francis. Regnault, 1535, *in-8°*.

Les caractères en sont curieux, singuliers, ils peuvent servir à l'hist. de l'imprimerie.

Divi Joannis Chrysostomi dialogus, etc. *Parisiis*, sub prelo Ascensiano, 1526. Même vol. Aristoteles de mundo, et Philo de mundo, *in-8°*.

Francisci Conani comment. *Lutetiæ*, apud Jacob. Kerver, 1553, grand *in-f°*. Je le cite pour la beauté des caractères, grandes marges, superbe édition.

Pub. Virgilii, studio Ludovici Lucii. *Basileæ*, per Sebastianum Henric. Petri, 1613, *in-f°*.

Opus excellentiss. hystoriar. seu chronicarum Antonini Archiep. Florentini, édit. de *Lyon*, per Nicol. Wolff.

Augustini Stenchi, Eugubini, de perenni philosophiâ; idem de Eugubii urbis suæ nomine. Seb. Gryph. exudebat. *Lug.* 1540, *in-f°.*, superbe édit., beaux caractères.

Habes, candide lector, Patris Roberti Gaguini quas de francorum regum gestis scripsit annales. Impress. *Parisiis*, per petrum Vidoveum, 1528, *in-8°.*, belle édit.

Luciani, etc. *Basileæ*, 1545, *in-8°*. belle édit. grecque.

Aristotelis de Moribus, etc. *Parisiis*, 1554, apud Adrian. Turnebum, typis regiis. Belle édit. grecque, *in-4°*.

Galeni de sanitate tuenda, Thom. Linacro, anglo, interprete. *Parisiis*, in ædibus viduæ Claudii Chevalonii, 1538, *in*-8°., jolie édit.

Biblia en lengua espanola, en *Amsterdam*, 1521, belle édit. *in*-8°.

Pragmatica sanctio. Jehan Petit, imp. *Parisiis*, per Philip., etc. 1510, *in*-8°.

Isocratis orationes cum nova interpretatione. *Parisiis*, Chapelet, 1621.

Omnia div. Platonis opera, translatione marsilii Ficini. Edit. Frobenii. *Basileæ*, 1551, *in*-f°., grandes marges.

Prisciniani grammatici opera, in officina Ascensiana. *Parisiis*, 1527, *in*-f°.

T. Livii quæ extant. Ascensia, 1533, *in*-f°., belle édition.

Joignez à ces livres curieux la Diplom. de Mabillon.

Le Dictionnaire de Trévoux.

L'Histoire ecclésiastique de Fleury.

Histoire de Puffendorff.

Histoire des Empereurs.

Pline avec notes du P. Hardouin, 5 vol. *in*-4°., belle édition.

Des Pères de l'église; Tertullien; S. Epiphane; S. Hilaire; S. Jérôme; S. Crisostome.

Bibliotheca Patrum.

Les Mémoires de l'Académie des Sciences.

Telle est la bibliothèque établie au District de Châteaulin.

Mes recherches et l'attestation signée du Directoire de Châteaulin m'ont démontré qu'il n'existe dans ce district aucun objet qui puisse intéresser les arts et les sciences.

Nota. — Les livres de Châteaulin sont au nombre de 3,000.

La bibliothèque du District de Châteaulin est provisoirement placée chez le citoyen Le Gac Lansalut, père d'émigré, en arrestation à Carhaix.

J'oubliais de vous parler d'un *très ancien* manuscrit de Landévennec, sur velin, *in*-4°. relatif à la vie de S. Guenolé, à d'autres objets qui peuvent être plus instructifs[1].

Nous certifions qu'à notre connaissance il n'y a ni tableau ni monument.

---

[1] Le *très ancien* manuscrit que Cambry *allait oublier* est le *Cartulaire* de l'abbaye de Landevenec. Ce précieux manuscrit est aujourd'hui conservé à la Bibliothèque municipale de Quimper. C'est un petit *in*-4°. Ses feuillets (heureusement !) n'avaient pas la dimension règlementaire pour faire des gargousses.

Le *Cartulaire* est, en ce moment même, publié pour la *Société Archéologique du Finistère*, par M. DE LA BORDERIE, correspondant de l'Institut. La vie de S. Guenolé est justement ce qu'il contient de *plus instructif*.

En Directoire de District, à Ville-sur-Aone, le 16 pluviose de l'an 3 de la République française, une et indivisible [1].

Signé : LE MARCHADOUR, *président*.
LE NORMAND, *secrétaire*.

12 pluviose, l'an 3 de la République française, une et indivisible.

Le citoyen Cambry est invité à procurer aux administrateurs de Ville-sur-Aone, le Dictionnaire encyclopédique. Leurs besoins de lumières lui sont assez connus; et ils comptent sur son empressement ordinaire à bien mériter de ses concitoyens.

Les administrateurs et l'Agent national du District de Ville-sur-Aone.

Signé : FÉNIGAN.

---

[1] Le décret du 13 pluviose an 2 (5 février 1794), art. 6, portait : « La dénomination de *châteaux* donnée autrefois aux maisons de quelques particuliers demeure irrévocablement supprimée. »

Les administrateurs de Châteaulin dépassèrent le vœu de la loi en changeant le nom de leur ville en celui de *Ville-sur-Aone*, ou mieux *Aulne* (du nom de la rivière).

Vers le même temps *Quimper-Corentin* devenait *Montagne-sur-Odet* ; *Pont-Labbé* devenait *Pont-Libre*, etc.

Le nom de *Quimper*, qui veut dire *confluent*, n'avait rien d'aristocratique. Il avait sans doute été trop longtemps accolé au nom du fondateur de la ville, saint Corentin.

Pont-Croix.

(Je me contenterai de transcrire la lettre que je remis au District, le 17 Pluviose.)

Citoyens Administrateurs,

J'ai visité la bibliothèque des Capucins d'Audierne, elle est composée d'environ quinze cents volumes.

L'hist. de l'église Gallicane en dix-huit vol. *in*-f°.

L'édit. *in*-4° de l'hist. du peuple de Dieu.

L'hist. des Ordres Monastiques.

Sermones S. Vincentii. *Lugduni*, 1497, *in*-4°.

Et quelques autres ouvrages perdus au milieu d'un amas de livres de théologie.

La boiserie de cette bibliothèque est d'un joli dessein, ses proportions élégantes, la sculpture très agréable ; je vous invite à la conserver avec soin.

Les deux ou trois cents volumes réunis à Pont-Croix, dans le bureau de l'Agent national, ne sont pas d'une grande valeur.

On m'a parlé d'un précieux exemplaire de Virgile, écrit sur vélin, en lettres d'or ; un particulier s'est permis de le porter à Brest. Je vous invite à le faire rentrer au plutôt [1].

Je vous engage à nommer les Commissaires qui doivent faire le Catalogue de vos livres, à choisir le local où vous devez les rassembler, à faire parvenir au département le devis estimatif des frais à faire pour établir votre bibliothèque.

Copie d'une déclaration signée des Membres du District de Pont-Croix, dont j'ai l'original.

« Nous, administrateurs du District de Pont-Croix, département du Finistère, certifions et attestons qu'il n'est pas à notre connaissance qu'il existe dans l'étendue de notre arrondissement, aucun dépôt ou aucun monument qui puisse intéresser les sciences et les arts. »

Fait en Directoire, à Pont-Croix, le 17 pluviose,

---

[1] Quel a été le résultat de cette invitation ? Qu'est devenu ce *précieux exemplaire en lettres d'or* ? C'est ce que nous ne savons pas.

an 3ᵉ de la République française, une et indivisible. *Signé* : BERNARD, GRIVART, A. L. TREHOT, J. F. GUÉGUEN, GUILLOU, *secrétaire*(1).

Les environs de Douarnenez, le vaste contour de la Baye qui porte son nom, les chimères ou les souvenirs qu'elle réveille, les ruines qu'on y découvre, fourniraient d'intéressantes observations à celui qui pourrait sonder, examiner, dans le calme, à loisir, avec tous les secours du gouvernement, un pays de rêveries et de réalités qui nous transportent aux temps les plus reculés.

Ce n'est pas dans un catalogue, sans le secours d'observations, de notes faites par moi long-temps avant la mission dont je vous rends compte; ce n'est pas sans préliminaires, sans détails ignorés du public et des littérateurs eux-mêmes, que je peux vous parler du point le plus curieux de la Bretagne. Je me contenterai de vous citer des faits, et de vous rapporter ce que j'ai vu, ce que j'ai découvert en deux fois vingt-quatre heures dans la ville de Douarnenez et dans ses alentours.

J'aurai toujours présent à mon esprit le but de mon

(1) Les administrateurs de Pont-Croix, comme ceux de Châteaulin, avaient des yeux pour ne pas voir. Comment déclarent-ils que leur District ne possède aucun monument, quand il a les églises ou chapelles de Guengat, Plogonnec, Confort, S. Tugean, et surtout Pont-Croix? Et n'y avait-il rien à protéger dans ces églises ? — Cambry va leur prouver qu'ils ont mal vu, et pourtant il est loin d'avoir signalé tout ce qui mérite l'attention dans le District.

voyage, les monuments des sciences et des arts, en me prescrivant d'écarter toutes les discussions, toutes les données de l'histoire, tous les contes de la fable.

Il est certain qu'il existe sur l'île Tristan, des pans de murs de trois ou quatre pieds carrés indestructibles, restes de bâtimens de la plus haute antiquité; ils sont formés d'un mélange de petits carrés de granite, de cinq à six pouces sur toutes les faces, régulièrement assemblés dans un mastic formé d'un mélange de granite pilé, de pierres schisteuses, de coquillages, de quartz, de chaux et de sable de mer. Ils ne peuvent être les débris des fortifications que, par ordre de la Cour, on démolit après la mort de Fontenelle : ce brigand n'eut ni le temps ni les moyens nécessaires pour se fortifier avec cette solidité; si cependant ces masses éparses ont été renversées à cette époque, elles tenaient à quelque bâtisse ancienne, très ancienne, ce que leur examen démontrerait à l'homme le moins exercé dans l'étude de l'antiquité [1].

Il est certain que j'ai trouvé dans une anse de la

---

(1) Il s'agit des substructions romaines constatées à l'Ile Tristan.

Ce n'est pas après le supplice de La Fontenelle (septembre 1602) que les fortifications élevées par lui furent démolies, ce n'est pas non plus en 1599, comme le dit OGÉE (I, p. 258, *Douarnenez*). La démolition eut lieu *entre le 18 août et le 17 octobre 1600*. Cette date résulte de deux arrêts du parlement.

— Après la mort de La Fontenelle, le baron de Nevet devint capitaine de l'Ile; et, quelques années plus tard, il reçut l'ordre de réparer les fortifications : après sa mort, les fortifications furent *entièrement rasées* en vertu de lettres patentes du 11 septembre 1618 et d'arrêt du parlement du 11 janvier 1619.

— C'est à cette dernière époque qu'il faut rapporter la démolition des substructions romaines.

baye de Posgat, à dix pieds de profondeur en terre, des quartiers de maçonnerie de l'espèce de ceux que je viens d'indiquer dans l'île Tristan. Un pan de ces murailles tombé sur le rivage et tous les jours battu par la mer depuis vingt-six ans n'a pas perdu de sa dureté, pas un caillou n'en est détaché par les vagues. Dans cette anse, au milieu d'éboulements qui se sont faits sous mes yeux, j'ai trouvé de superbes briques de dix-huit pouces de long sur quinze pouces de largeur, dont je conserve un grand morceau. Tous les environs de la baye offrent de semblables débris des époques les plus reculées.

Il est certain que l'honnête Herlé Chenay, municipal et pêcheur de Douarnenez, trouve à la pointe du Raz, des murs à quatre ou cinq brasses de profondeur; son ancre s'arrête sur ces murs; en suivant leur direction, il ne sent pas d'inégalités comme il en rencontrerait sur des rochers; en la laissant tomber des deux côtés, il calcule que ces murs ont une hauteur de trois ou quatre brasses; en les suivant latéralement son ancre glisse sans obstacle, ce qui démontre la vérité de ses observations consacrées d'ailleurs par la tradition chez tous les habitans de Douarnenez, des côtes et de Crozon, et par tous les pêcheurs qui fréquentent ces parages.

Il est certain que dans les fortes tempêtes, quand les sables du Ris sont enlevés par les fureurs de l'ouragan, on apperçoit de larges troncs d'ormeaux d'une couleur noire, au fond de la baye : ils ont une apparence de régularité dans leur position [1].

Mais un fait plus incontestable encore, c'est que près du Ris, sous vingt pieds de terre, à vingt pieds au-dessus du rivage, j'ai trouvé des débris d'une telle antiquité, d'une telle beauté qu'aucune ruine de l'Italie n'offre un travail plus curieux, plus solide, plus dur et qui remonte à des siècles plus éloignés.

Ce que j'en ai vu par un temps abominable, sans instrument qui put m'aider dans ma découverte, est un parquet de 18 pouces d'épaisseur, espèce de marquetterie composée de petits carrés de pierre et de brique, couverts d'un bel enduit dont le temps n'a pu détruire le poli, malgré des chutes d'eau qui l'attaquent sans cesse. Sur la gauche de ce débris indestructible est un mur très épais formé de carrés de granite, recouvert d'un enduit de chaux, de brique, et de sable de mer passé au tamis, aussi dur que le marbre, poli comme les stucs préparés pour la peinture dans les environs de Cume et de Pouzzole. Cet enduit a cinq pouces d'épaisseur [2].

J'ai des montres assez belles de ces ruines précieuses qui m'ont prouvé, pour la millième fois, qu'il ne faut pas dédaigner les prétendues rêveries des

---

(1) L'auteur veut dire apparemment que ces arbres paraissent avoir été plantés régulièrement.
(2) L'auteur veut signaler les restes de bains romains, auprès du Ris, vestiges que dans le pays on nomme le *château du roi Marc'h*. — Non loin de là se trouve le village nommé Poulmarc'h.

peuples sous quelque caractère de folie qu'elles se montrent, avec quelques plaisanteries, quelque dédain, quelque sourire qu'on les présente aux voyageurs.

Je possède ces morceaux, ainsi qu'une collection de toutes les espèces de pierres, de minéraux, de crystaux, de crystallisation, de crystaux améthistés, etc., que j'ai trouvés dans les neuf districts du Finistère que j'ai malheureusement parcourus sans dessinateur, sans secrétaire et dans l'hyver le plus rigoureux.

Les croix des environs de Pont-Croix ont quelque chose de particulier : elles portent sur des massifs carrés ou triangulaires de 10 à 12 pieds de large, de 7 à 8 de hauteur, ornés de bas-reliefs et d'ornemens gothiques. Ces massifs sont de grands quartiers de granites.

On trouve souvent dans les environs de Douarnenez, à quelque profondeur sous la terre, des espèces de fours en briques. (C'est sous ce nom qu'on me les a désignés). Je n'ai pas eu le temps d'en faire découvrir. Ces prétendus fours peuvent être d'anciens tombeaux.

Que de choses on pourrait dire de la baye d'Audierne, de nos côtes, de l'Isle d'Ouessant, de l'Isle de Batz, de l'Isle de Sein ! Mais les détails seraient mieux placés dans un *État actuel du Finistère*, que je fournirais, si le Comité d'instruction publique le demandait, et s'il m'offrait le loisir et les moyens nécessaires de l'achever.

La petite église de Ploaré, à un demi-quart de lieue de Douarnenez, est fort jolie. Ses corniches ont une hardiesse, une grandeur qu'on ne rencontre guère dans les bâtimens gothiques. Elle est bien éclairée. Le baptistaire est de marbre noir, veiné de blanc. On ne peut voir un clocher plus leste, plus élégant. Dans une des chapelles de cette église, j'ai remarqué une Cène passablement peinte, et d'un agréable coloris, grande variété dans les têtes, dans les attitudes. Cet ouvrage est très ancien, mais assez bien conservé [1].

CAMBRY, commissaire.

Extrait

Des Registres de l'Administration du Département du Finistère.

Séance du 12 germinal, an troisième de la République française, une, indivisible et démocratique,

Tenue par les citoyens LE GUILLOU-STANGALEN, *président;* LE BASTARD, LE GOGAL-TOULGOET, FROGERAY, ABGRAL, *administrateurs.*

Vu l'arrêté de la commission administrative, du 26 thermidor dernier, dont la teneur suit :

Un membre appelle l'attention de l'administration

---

[1] Ceux qui connaissent le clocher de Ploaré pourront taxer Cambry de quelque exagération. Le clocher est *moins leste* et *moins élégant* que celui du Creisker décrit par Cambry (ci-dessus, p. 192). Il est aussi moins élevé (55^m au lieu de 80).

Je lis dans un voyage en Bretagne fait en 1785 que, vers cette époque, un vicaire de Ploaré, nommé Timen, « montait *en soutane* au haut du clocher et s'affourchait sur la croix. » *Voyage de Cherbourg à Quimper,* par FR. M. Milrand (pseudonyme de Marlin.)

sur la situation des différents dépôts des objets provenans des domaines nationaux, soit de première origine, soit des émigrés, objets plus ou moins précieux pour l'instruction publique, sous le rapport de l'histoire naturelle, de la botanique, des sciences, des lettres et des arts, tels que des collections de minéraux, des plantes rares, de livres et d'instrumens de différens genres.

Il rappelle, à cet égard, les différentes lois qui en ordonnent la conservation au profit de la République, et les recommandations multipliées, consignées dans la correspondance du ci-devant pouvoir exécutif et des commissions qui l'ont remplacé avec les corps administratifs.

Il insiste sur l'urgence de prendre un parti pour assurer à la République la possession de ces effets précieux, et remédier, autant qu'il est possible, aux ravages des dégradations occasionnées par la négligence des administrations ou l'ignorance des individus chargés de la garde de ces effets.

La commission administrative du département,

Considérant que l'instruction est le premier besoin d'un peuple libre, et que les lumières lui sont aussi nécessaires pour conserver que pour conquérir ses droits, et que la liberté ne fut chassée des contrées célèbres qui lui donnèrent d'abord azile, que lorsque l'ignorance et la barbarie en bannirent les sciences et les arts [1];

---

(1) Proposition *hardie!* — Les contrées célèbres dont parlent les administrateurs sont assurément la Grèce et Rome. Périclès fut maître dans Athènes,

Considérant qu'il existe, dans les diverses parties du département, plusieurs dépôts, dont chacun peut offrir des ressources plus ou moins précieuses à la propagation des lumières, aux procédés des arts utiles et agréables;

Que la multitude des travaux des administrations de district ne leur permet pas aujourd'hui de s'occuper avec les soins et dans les détails convenables, de cette partie des richesses nationales; mais que le décret du 14 frimaire sur le Gouvernement révolutionnaire provisoire, en renfermant les fonctions des administrations de département dans un cercle moins étendu, les charge en même temps d'une surveillance plus particulière sur les domaines et sur les parties d'administration qui ont rapport à l'économie, à l'agriculture, aux arts et à l'instruction publique;

Considérant qu'il est urgent de connaître dans ce ressort les ressources des arts et les richesses des sciences et des lettres, existant épars dans les domaines nationaux de toute espèce, et de pourvoir aux moyens de rassembler et placer convenablement dans les dépôts principaux les minéraux, livres et objets auxquels la rareté, l'antiquité, la singularité ou le goût donnent un grand prix;

César dans Rome, et Auguste, héritier de César, fonda la dynastie impériale. Or, le mot *siècle de Périclès* rappelle le plus brillant épanouissement du génie grec sous toutes ses formes; le mot *siècle d'Auguste* rappelle à la pensée Horace et Virgile, qui surpassèrent les poètes leurs prédécesseurs.

La commission administrative, pleine de confiance dans les lumières, le patriotisme et l'activité du citoyen *Cambry*, président du district de Quimperlé,

1° Le charge de parcourir les neuf districts du ressort, pour faire, dans les différents dépôts dont il est cas, la recherche de tous les objets précieux qui peuvent intéresser les progrès des connaissances humaines, tels que : statues, tableaux, collections de minéraux, de coquillages, de livres, de manuscrits, de plantes rares et étrangères, d'instruments de physique et de mathématiques, etc.;

2° Le citoyen *Cambry* rendra compte à l'administration du département du résultat de ses recherches, et indiquera avec précision les abus à réformer, les déplacemens à faire, les réunions à opérer et l'ordre à rétablir dans les dépôts, et, s'il y a lieu, les mesures à prendre pour leur sûreté et leur conservation.

3° Toutes les autorités constituées du ressort sont invitées et requises de donner au Citoyen *Cambry* toutes les facilités convenables à sa mission ;

4° Le Citoyen *Cambry* est, à cet effet et conformément aux dispositions de la circulaire de l'administration provisoire des domaines nationaux, à la date du 18 nivôse, autorisé à faire lever les scellés qui pourraient s'opposer à ses recherches, en présence d'un commissaire du district et de deux officiers municipaux des communes où il opérera.

5° Le Citoyen *Cambry* fournira un mémoire de ses

dépenses, dont il sera remboursé sur une ordonnance du département.

Vu les comptes rendus par le dit citoyen *Cambry* de l'état de chacun des districts, relativement aux lettres et aux arts, et de ses opérations dans leur ressort respectif, lesquels comptes il a répétés à l'administration et laissés sur le bureau, pour exécution de l'article 2 dudit arrêté ;

Les arrêtés des Directoires des districts de Morlaix, Lesneven, Brest, Landerneau et Quimper, en date des 14 et 28 brumaire, 13 nivôse, 4 prairial et 10 de ce mois, confirmatifs de la vérité des faits rapportés dans lesdits comptes, et pleins des expressions de leur reconnaissance pour le zèle, l'activité et les talens que le citoyen *Cambry* a déployées dans sa mission ;

Les certificats des administrateurs des districts de Ville-sur-Aulne et de Pont-Croix, des 16 et 17 pluviôse, constatant que, à leur connaissance, il n'existe dans l'étendue de leur arrondissement aucun monument ni dépôt d'objets relatifs aux sciences et aux arts ;

Généralement au pied de la plupart des minutes de ses notes, les attestations approbatives des autorités constituées des lieux où ses opérations se sont exécutées ;

Considérant qu'on ne doit attribuer qu'à la délicatesse du Citoyen *Cambry* le silence que garde à son sujet le district de Quimperlé, dont il est président ;

Que de toutes les pièces précitées il résulte évidemment qu'il a rempli, à l'entière satisfaction des administrés et des administrations, la mission qui lui avait été confiée;

Joignant ses justes éloges aux leurs et partageant les sentiments de reconnaissance dont il a partout reçu des témoignages;

ARRÊTE de faire imprimer les dits comptes au nombre de 500 exemplaires, dont six seront adressés au Comité d'instruction publique, avec invitation d'assigner au Citoyen *Cambry* une indemnité proportionnée à la durée de la dite mission, que ses soins et son activité ont cependant de beaucoup abrégée, aux talens et aux lumières qu'il y a apportés, à l'utilité dont elle ne manquera pas d'être pour le bien public, et enfin, aux pertes multipliées que lui a fait éprouver, dans ses affaires domestiques, une absence longue et imprévue.

L'administration croit devoir, en même temps, informer le comité de la représentation que le Citoyen *Cambry* lui a faite, d'états et de renseignemens sur toutes les parties de l'administration publique, au moyen desquels il lui a déclaré être à même de fournir un état complet du département du Finistère; elle regarde comme superflu d'insister sur tous les motifs qui rendraient cet état extrêmement précieux; il le deviendrait encore davantage si un pareil travail était exécuté dans tous les départemens de la République.

Fait et arrêté en Administration du département du Finistère, à Quimper, le 12 germinal, l'an troisième de la République française, une et indivisible.

Signé : Le Guillou-Stangalen, *président;*
Maufras, *secrétaire général.*

APPENDICE

1º Lettre du peintre Valentin, 10 frimaire an III, 30 décembre 1794.

2º Délibérations du Comité révolutionnaire de Quimper,

27 frimaire an II (17 décembre 1793);
29 frimaire an II (19 décembre 1793);
26 prairial an III (14 juin 1794).

I

10 Frimaire, an III.

Citoyen VALENTIN, administrateur du District de Quimper,
au Comité d'Instruction publique.

Le grand tableau dont vous parlez dans votre lettre aux administrateurs du District de Quimper, du 2 brumaire dernier, n'est pas, comme on vous l'a dit, un chef-d'œuvre. Il est d'une couleur qui m'a fait le plus grand plaisir comme tous ceux de l'école flamande dont je suis amateur; mais il ne ferait aucune sensation dans la capitale, ayant les défauts suivants : composition, expression et dessin. La toile est si usée qu'elle est éraillée et percée dans plusieurs endroits et le bas surtout est perdu et pourri [1].

J'avais engagé le défunt évêque Expilly [2] de le faire venir de St-Pol pour le placer dans notre cathédrale. Arrivé, je le fis tendre avec intention de le restaurer de mon mieux. Le retard nous a servis; car, s'il eût été dans l'église, il eût eu le sort des autres tableaux lors du brûlis des saints [3]. J'avais cependant bien recommandé d'épargner les tableaux et surtout une chaire à prêcher qui n'était pas sans mérite; mais les meneurs menaçaient ceux qui désiraient l'ordre.

J'appris le lendemain que la hache avait tout brisé; il y avait une très bonne copie de la descente du Saint-Esprit par Charles Le Brun, une jolie copie d'après Rubens, il ne reste qu'une Assomption par Loir, trop élevée pour y atteindre : ils se sont contentés de la crever en quatre endroits [4].

---

(1) Ce tableau qui se perdait dans la cathédrale a été donné par le Chapitre au Musée de Quimper. Souvent Valentin ne signait pas ses tableaux : mais il a pris soin d'écrire en grosses lettres d'or sur cette *Descente de Croix* : VALENTIN RESTAURAVIT. ANNO XI.

(2) L'abbé Expilly, évêque constitutionnel, guillotiné à Brest, le 3 prairial an III (12 mai 1794) avec vingt-cinq administrateurs du département.

(3) Sur le brûlis *officiel* des *images* de saints arrachées aux églises de Quimper et sur le sac de ces églises, le 12 décembre 1793, voir ci-dessus *Cambry*, notamment p. 17, 20, 29.

(4) On peut voir ce tableau derrière l'autel de la chapelle des Dames Ursulines de Quimper.

Les chanoines qui n'avaient pas plus de connaissance que nos ci-devant l'ont tant fait nettoyer par des gens ignorants que la couleur en est enlevée partout.

J'ai fait maintes courses dans les campagnes pour découvrir quelques bons tableaux, je n'ai même rien trouvé de passable.

Chez les capucins de Roscoff, il y avait un tableau de Restout : je ne sais ce qu'il est devenu.

Ainsi, citoyens, nous n'avons que cette descente de Croix qui est sans nom : elle n'est ni de Rubens, ni de Van Dick, ni de Jordaens : il y a un François de Paule, un roi de France et une femme à genoux sur la gauche tenant d'une main un cierge et de l'autre un livre, probablement celle qui en a fait cadeau.

J'invite le citoyen Beauvallet, sculpteur au Louvre, de chercher dans une caisse où sont mes études faites à Rome, le croquis de ce tableau. Par là, vous jugerez de la composition.

Le représentant Tréhouard, à son dernier passage ici, a bien voulu se charger de vous faire passer une esquisse allégorique de la Révolution, ou *le coup de balay de la Convention nationale* de ma façon. Si vous la trouvez digne d'être exécutée, je suis prêt à partir. Les chef-d'œuvres de Rubens arrivés à Paris me feraient aller à genoux, tant je brûle de les voir [1].

(1) Rappelons le fait suivant à la louange de Valentin : c'est à lui qu'on doit la conservation des portraits de Benoît XIV et de onze anciens évêques de Quimper dans la salle capitulaire de l'Évêché.

Au temps où l'on jetait au vent les cendres des évêques, brûler leurs images

II

On lit au registre du Comité révolutionnaire sous la date du 27 frimaire an II (17 décembre 1793).

« Il a été dénoncé au Comité que le lendemain du brulis des pagodes prétendues sacrées, le citoyen Castel, habitant de cette ville, se porta à la *Société populaire*, franchit la barre qui sépare les membres, se porta en fureur à la tribune, et fit tous ses efforts pour soulever le peuple, en demandant par quelle autorité on avait osé brûler les saints et surtout saint Corentin. — Il a été demandé que le citoyen Castel fut appelé et entendu.

« Le citoyen Castel entré au Comité a reconnu les faits : Il a dit que cinquante voix l'appelaient à la tribune, a déclaré au surplus ne connaître ni la Montagne ni les montagnards.

« Le comité délibérant a considéré que l'individu qui ne connaît pas la Montagne est un mauvais citoyen, que les excès auxquels le citoyen Castel s'est porté, dans un lieu public, tendaient évidemment à soulever le peuple, et réservant de prendre les infor-

---

était une œuvre patriotique. Pour les sauver, Valentin recourut à la ruse. La salle capitulaire allait devenir salle de danse : Valentin représenta que les cadres de bois sculpté faisaient partie des lambris de la salle et en étaient le principal ornement : il obtint qu'on les laissât en place, en offrant de recouvrir les portraits de toiles sur lesquelles il peindrait Apollon et les Muses. Quand l'évêché fut rendu à sa destination, Valentin enleva ses peintures et les évêques reparurent dans leur palais purifié. Aujourd'hui encore, ceux de ces portraits (au nombre de six) qui n'ont pas été restaurés, gardent la marque des pointes qui servirent à fixer les toiles de Valentin.

mations nécessaires pour renvoyer, s'il y a lieu, l'affaire devant les Tribunaux,

« Arrête que Castel sera conduit à la maison d'arrêt de cette commune. »

Deux jours après, le 29 frimaire (19 décembre),

« Sur la demande de la femme Castel et sur le certificat du citoyen Demisit, premier chirurgien de l'hôpital militaire, Castel est remis en liberté pour se soigner chez lui. »

Après cette mise en liberté provisoire, il n'est plus question de l'affaire. Le comité a compris que, dans son propre intérêt, il fallait faire le silence sur le sac de saint Corentin et le brulis des *pagodes prétendues sacrées*. Voici pourquoi :

Le sacrilège attentat du 12 décembre avait produit un mouvement immense d'indignation, non seulement dans la ville de Saint-Corentin, mais dans tout le département. Le scandale fut tel qu'une satisfaction parut indispensable.

L'odieux héros de ces saturnales, Dagorne, commissaire des représentants à Brest, fut appelé en cette ville, interrogé par Jean Bon Saint-André, enfin écroué au fort *La Loi*, sous l'inculpation « *d'avoir à dessein exagéré les mesures de répression à l'égard du culte catholique* (13 nivôse, 2 janvier 1794) » [1]. Cinq mois plus tard sa

---

[1] Un délit non prévu par le Code pénal, imaginé par Jean Bon Saint-André, et qui pouvait être frappé de la peine de la *déportation*, en vertu du décret des 7-8 juin 1793, généralisant l'application de l'art. 4 des décret du 10-12 mars 1793, sur le tribunal révolutionnaire.

détention durait encore. Pour se disculper, Dagorne invoqua la complicité et l'assistance des autorités constituées. Nous lisons dans la délibération du Comité révolutionnaire du 26 prairial an II (14 juin 1794).

« Le président annonce que le citoyen Dagorne demande au Comité à rendre témoignage à la vérité, en certifiant que toutes les autorités, même la garde nationale, drapeau déployé, assistèrent en corps à la cérémonie du 22 frimaire, jour où les statues qui se trouvaient dans les ci-devant églises furent livrées aux flammes.

« Sur quoi délibérant le Comité arrête de délivrer ce certificat, ce qui a été exécuté à l'instant. »

TABLE DES MATIÈRES

	PAGES
INTRODUCTION	I
PRÉFACE DE CAMBRY.	
Rapport au district de Quimper	I
État des diverses collections de livres réunis au dépôt littéraire du district de Quimper	3
* Églises du district. — Cathédrale	13
Le Guéodet ou Notre-Dame de la Cité	22
Le Pinity	27
Les Cordeliers	29
Locmaria	32
Saint-Matthieu	33
Le Museum	33
Le temple des Faux-Dieux	36
Concarneau	38
Pont-Labbé	39
* Poulguinan et Laniron	43
* Le Collège	44
Délibération du District	46
Rapport au district de Landerneau	49
* Bibliothèque et tableaux du Bot	57

	PAGES
Visites chez des particuliers, dans les maisons où sont établis des séquestres, dans les maisons nationales, les églises, hospices, etc.	72
Délibération du District.	79
Rapport au district de Brest	81
* Bibliothèque du District.	84
Salle de l'Académie de marine	107
Instruments déposés à l'Académie de marine	109
Bibliothèque de l'Académie de marine.	110
Salle des modèles de l'Académie	111
Mémoires et manuscrits de l'Académie.	112
Le Jardin botanique	116
Galerie des plantes desséchées	116
Jardin des plantes	119
Plantes en pleine terre	119
Plantes de serre chaude.	121
Plantes d'orangerie.	122
Cabinet d'histoire naturelle.	124
Objets épars appartenant à la nation.	135
Délibération du district de Brest	138
Rapport au district de Lesneven	141
Dessins (gravures) de Brezal.	146
Tableaux de Brezal.	146
Dessins de Brezal	147
Tableaux de Kerjean.	148
Dessins de Kerjean.	149
Ursulines de Lesneven	150
Second rapport au même district	153
Additions aux notes sur Lesneven.	155
Note des particuliers dont les livres ont été réunis à la bibliothèque de Lesneven	156
Attestation des membres du Directoire de Lesneven d'un fait d'histoire naturelle singulier	157

	PAGES
Délibération du district de Lesneven.	158
Rapport au district de Morlaix.	161
Détails sur les bibliothèques de Morlaix.	163
Maison de Lannigou. — Cabinet de Penanprat-Drillet.	174
Bibliothèque dite de Lannigou.	175
Chez Jolivet, présumé émigré, sous scellés.	176
Dans la maison du citoyen Le Bozec.	177
Chambre de lecture.	178
Au Calvaire.	180
Maison de Malescot-Kerangouez.	183
Maison de Keranroux.	184
Salle de l'ancien district.	189
Additions.	195
Château du Taureau.	196
Copie d'une pièce remise au Directoire du district.	197
Saint-Jean du Doigt.	207
Délibération du District.	209
Rapport au district de Carhaix.	211
Livres de Dugrégo, émigré (château de Trévarez).	212
A Kerampuil.	216
Communauté des ci-devant Augustins.	219
Rapport au district de Quimperlé.	225
* Bibliothèque du District.	226
* Églises et monuments.	237
Rapport au district de Châteaulin.	243
Attestation du district de Châteaulin.	253
Rapport au district de Pont-Croix.	255
Extrait des Registres du département portant :	
1° Copie de l'arrêté du 28 thermidor an II, donnant commission à Cambry.	262
2° Approbation du travail fait par Cambry.	266

	PAGES
APPENDICE	269
I. Lettre de Valentin.	269
II. Délibérations du Comité de surveillance de Quimper	272

ERRATA

Page 14, note 2. *Au lieu de* « Rustefan, » *lire* « Rustéphan. »

Page 15, note 1. *Au lieu de* « Gravenan, » *lire* « Graveran. »

Page 33, note 2. *Au lieu de* « pagode, » *lire* « pagodes. »

Page 176, note 2. *Au lieu de* « note, » *lire* « note 2. »

IMPRIMÉ PAR

Alphonse LE ROY

IMPRIMEUR BREVETÉ

A RENNES

www.ingramcontent.com/pod-product-compliance
Lightning Source LLC
Chambersburg PA
CBHW071524160426
43196CB00010B/1648